戰勝恐慌

驚恐症的自救指南

顧亞亮　史欣鵑 著

萬里機構

前言

20 多年前只有極少數的人了解心理疾病,當時我寫了一篇關於心理問題引發胃痙攣的文章,那是我第一次向報社投稿,竟「有幸」被報社副主編質疑文章內容的科學性。如今關於抑鬱症、焦慮症的著作越來越多,抑鬱症、焦慮症等心理疾病已經廣為人知,很少有人再質疑抑鬱症、焦慮症的存在了。然而仍有一些心理疾病盡管發病率較高,卻鮮為人知,甚至還會被誤診為生理疾病。另外,公眾很難看到與這些心理疾病相關的著作,對它們的了解更無從談起。其中驚恐症被忽視、誤診的情況尤為突出。

驚恐症:一種偽裝成生理疾病的心理疾病

如果你在醫院急症遇到一名心慌、胸悶、氣急、四肢無力,好像瀕臨死亡的患者,恐怕只會想到他突發心臟病,很難想到他是一名身體健康的心理疾病患者。

當我還是一名年輕的實習醫生和初出茅廬的臨床心理學的實習者時,也曾有這些困惑。當時一位同事在沒有其他心理醫生可供選擇的情況下,讓我去看一名兩個月裏三次

被抬進急症室的患者時，我感到十分惶惑不安。這名患者發病時最高心率可達到每分鐘 180 次，血壓最高可達到 220/120mmHg，同時還有偶發室性早搏。給他看病的幾位心臟科的醫生意見不一致，有的認為他沒有病，有的認為他患有高血壓伴不典型的冠心病，有的則認為他僅患有重度高血壓。我當然未有足夠的能力作出準確判斷，而是帶着患者病歷跑遍了醫院，認真向前輩求教，最終確定這名患者確實沒有患上任何生理疾病。然後我又拿着患者病歷反覆向我熟悉的多位外國的心理專家求證，終於確認我遇到了一名驚恐症患者。這名患者的心率升高、血壓升高等都是驚恐症的症狀，而非某種生理疾病導致的。

從那時起，我便對驚恐症產生了濃厚的興趣，着意投入大量的時間和精力學習，並在實踐中運用相關知識與技能。只是關注驚恐症愈多，我愈是感到遺憾：絕大多數驚恐症患者在診治的過程中走了太多的彎路，以至於生命中最好的年華都被驚恐症奪走了。這些彎路有時是醫患雙方不能識別驚恐症，有時是醫生過於強調藥物治療，有時是輔導員過於強調心理治療……

期望這本書能幫助驚恐症患者、家屬更好地了解驚恐症，明晰驚恐症問題的來源，學習緩解其症狀的方法，減輕與疾病相關的壓力，改善解決問題的方法，帶領患者一起走出焦慮、恐懼，讓患者盡早恢復正常的生活。

親愛的朋友，在使用本書作為自助工具之前，請務必通過醫生確認你沒有生理疾病或者生理問題不足以引起現有症狀。如果你期望有效使用本書，請務必仔細閱讀全部內容，並認真將其中的自助方法用於實踐。僅僅閱讀本書而不採取行動是無法徹底解決問題的。

作者聲明：本書案例所涉及的人名均為化名，並得到相關人士本人書面授權同意，其他人士請勿對號入座。

顧亞亮

目錄

PART 1

驚恐症與「心」有關

第
一
章

是驚恐症，
不是心臟病

驚恐症是一種以生理症狀為主，

情緒症狀較少，

甚至沒有情緒症狀的心理疾病。

患者各種生理檢查都正常或者基本正常，

卻時不時出現突然且強烈的

心慌、氣急、胸悶、焦躁不安等症狀，

有的患者還會在沒有發病時

因為極度擔心再次發作而迴避某些場所。

1.1

那些「心慌」的故事

故事一　充滿陽光的職場新人

23 歲的焦先生是一名剛剛大學畢業的職場新人，他陽光開朗、活力十足，平時工作積極。因為他工作業績非常突出，上司還有意把他培養為部門主管。

除了性格上的優勢，焦先生在生活習慣上也不像一些同事那樣晚上不睡、早上不起。他平時亦愛運動，雖然有時愛吃垃圾食物，不過經常做帶氧運動保持身材。然而就是這樣一個健康、陽光的年輕人，在一個陽光明媚的早晨乘地鐵上班時，突然感到身體極度不適。他感覺心裏七上八下的，非常焦灼，地鐵好像再也到不了站一樣。同時，他的心臟怦怦直跳，好像脖子被勒住一樣透不過氣，胸口也像壓了一塊大石頭一樣又悶又痛。焦先生那時以為自己就要死了，用力扯開自己的衣領，試圖讓自己感到好受一點。在地鐵上短短的幾分鐘，似乎有一生那麼漫長；地鐵在下一個車站停下來，焦先生就衝出了車廂，這突如其來的症狀居然立刻消失了。

焦先生認為是地鐵裏的人太多了，造成自己呼吸不暢，便轉乘巴士。隨着時間的推移，焦先生漸漸遺忘了地鐵上發生的事情，恢復了活力，繼續健康人生、做職場精英。

可是，半年後的一天，因為大雨，巴士裏的人就像沙甸魚一樣擠在一起，焦先生的症狀再次出現。從那時起，焦先生就再也不能乘坐任何公共交通工具，甚至乘坐的士都會讓他心臟不舒服。這讓他感到有點不安。於是，焦先生趁着體檢，在醫院做了全身檢查。然而，生物檢查、心電圖、電腦掃描等顯示的生理指標都很正常。在體檢護士的指導下，焦先生又先後去了心臟科、呼吸系統科、神經科、腸胃科、耳鼻喉科做相關檢查，仍沒有找到甚麼問題。這讓焦先生心頭壓上了一片名為「我是不是得了一種奇怪的不治之症」的烏雲。

故事二 人到中年的壓力與困惑

節日休假，年屆不惑的程女士一個人在梳發上看小説時突然感到一陣心悸襲來，心臟好像要從嘴裏跳出來似的，瞬間大汗淋漓。她的腦海中瞬間充滿了「我是不是要死了」之類的想法。對死亡的恐懼完全吞沒了她，讓她幾乎甚麼也做不了，她甚至無法大聲呼救。幸好她的丈夫及時聽到了她顫抖着用微弱氣息發出的模糊聲音，意識到她的健康可能出了問題，遂緊急撥打 999。20 分鐘後，救護車將程女士送進了醫院。檢查發現程女士除了心率為每分鐘 120 次外，其他一切都恢復了正常。

醫生給程女士的診斷是竇性心搏過速，給她開了一些藥，就讓她回家休息了。誰知僅僅過了 10 天，程女士在超級市場購物時，胸部的疼痛再一次毫無徵兆地襲來，她瞬間就感到天旋地轉，大汗淋漓、頹然地滑倒在牆角。幸好店員幫她撥打了緊急電話。

從發病到進入急症室的 30 分鐘，程女士覺得就像一個世紀那麼漫長，恐懼再次如海嘯般襲來。程女士腦海中全是「我是不是要死了」、「我的孩子怎麼辦」之類的念頭。強烈的恐懼讓她感到自己的肉體和靈魂都分離了。程女士很快被心臟

戰勝恐慌

科安排入院。醫生為她做了 24 小時心電圖、超聲心動圖、血常規、血沉、核掃描、心肌酶、運動心電圖檢查等一系列檢查，甚至在程女士的強烈要求下還為她做了冠狀動脈造影，結果除了剛入院時心率過快和血壓偏高之外，程女士的身體狀況沒有其他異常。

在此後 1 個月裏，程女士的「心臟病」又發作了 3 次，每次發作都毫無徵兆。她的家人卻因為醫生説她沒有「病」而指責她「假裝」。加上患病之後，程女士不敢去超級市場，不敢獨自搭乘電梯，不敢去任何陌生的地方，更無法乘坐地鐵、飛機等密閉交通工具，每次發作即使是在寒風凜冽、狂風暴雨的半夜，她也要跑到室外，這使她無法正常工作、學習，也無法享受生活。

故事三 成熟穩重的成功人士

剛過而立之年的張先生是一家中型企業的管理人員，平時工作異常繁忙，他經常工作到深夜。一天晚上，他在公司加班到午夜 12 點多的時候，突然感到呼吸困難、心慌、胸悶、出汗，他以為自己馬上就要死了，立刻讓下屬撥打 999 緊急就醫。

到醫院後不久，張先生感覺好了不少，但還是在急症室輪候。之後，張先生就總懷疑自己得了嚴重的心臟病，先是找了心臟科醫生，得到的結論是他根本沒有病。這個結論讓張先生十分惱怒，他認為醫生不僅水準差，還不負責任。然後，張先生又到私家醫院，得到的診斷是心臟神經官能症。他還是不死心，又想辦法找了幾位心臟科專家，在一年多的時間裏先後住了 3 次院，做了幾十次檢查，最後被一位專家推薦到精神科醫生那裏。經過綜合評估，精神科醫生明確診斷他的疾病為驚恐症。從那時起，張先生斷斷續續地使用各種抗抑鬱和抗焦慮的藥物。兩年之後，張先生的各種症狀基本消失。

誰知因為一次工作需要，張先生出差外地，晚上 10 點入住當地鄉村的旅館，他突然發現自己忘記帶藥，他的心臟立刻

加速，冷汗瞬間冒了出來。他驚慌失措地讓妻子立刻載着他，驅車衝向附近的醫院，他們的車在坑坑窪窪的鄉間公路上狂奔 30 多公里。當他看見醫院的那一刻，他的魂才回來。

從此之後，張先生就一直因擔心自己再次發病而惶惶不安。在隨身的公事包裹，他一定會裝上一瓶速效救心丸和一盒鎮靜藥以防不測。同時，他還因害怕自己發病時身邊無人幫忙而不敢獨處：當工作時，他一定會讓一名下屬在他身邊；當下班時，他需要妻子開車來接他；當回家或離開熟悉的環境時，他也需要妻子全天候陪伴。這讓他的妻子苦不堪言。

注意！！

突如其來的心臟不適，跟多時候並非心臟病的徵兆，而是來自你內心的焦慮和恐懼。

1.2

驚恐症：身體與心理的相遇

需要及時就醫的生理疾病

- 嚴重的心臟冠狀動脈粥樣硬化患者，經常或突然出現心慌、氣急、胸痛。
- 自幼患有哮喘病的患者，在運動、寒冷空氣刺激、病毒感染，或者是進食魚、蝦、蟹、肉、蛋、牛奶，抑或使用阿士匹靈、盤尼西林（青霉素）等藥物後，出現突發性的喘息、氣急、咳嗽、胸悶、胸痛氣促或者咳嗽。
- 甲狀腺功能亢進患者突然出現心悸、心慌、胸悶、氣急、心跳過快、煩躁、乏力等。聽診心律不齊、心音強弱不等、快慢不一及脈搏短絀、多尿等症狀。

如果出現以上心臟、呼吸道等處的症狀（這些症狀很可能來自生理疾病），我們首先要考慮去醫院急症或者到心臟科、呼吸系統科等相關科就診。

注意！！

生理疾病導致的心臟不適有病史支持，醫學檢查也能顯示相關的生理病變。

正常的焦慮反應

- 在半夜熟睡中，突然聽到刺耳的電話鈴聲。
- 在擁擠的人群中，突然發現剛剛還在身邊的孩子消失不見。發現自己剛剛從銀行取出的鉅款丟失。
- 乘坐飛機旅行，遭遇惡劣天氣，飛機出現劇烈顛簸，機長在廣播中通知乘客保護自己，同時氧氣罩從座位上方垂下。
- 身處發生火災的建築高層中，無法找到逃離的通道。

如果有人在上面這些令大多數人都感到不安的情境下，出現焦躁、惶恐、害怕、恐懼，甚至心悸、出冷汗、肌肉緊張等身體或心理不適，這一般屬於正常身心反應，對多數人不會有長期影響。不久之後，這些症狀自然會消失。

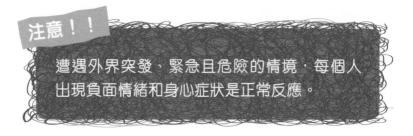

注意！！

遭遇外界突發、緊急且危險的情境，每個人出現負面情緒和身心症狀是正常反應。

形形色色的驚恐症

與以上兩種情況不同的是，有些人會像焦先生、程女士、張先生那樣在正常的生活、工作場景中，毫無預兆地出現強烈的情緒和身體反應。

健康的年輕男性開車在高速公路上正常行駛時，突然莫名地感到心慌、氣急、胸悶，以為自己就要死了。

驗身報告顯示一切正常的職場白領女性，在地鐵上突然發覺自己心跳加速、臉發燒，感覺「血往上湧」，她以為自己心臟病發作，立刻在下一站下車，衝向醫院看急症。

年輕的母親在家裏陪孩子寫功課時，莫名地感到氣急、頭暈、手腳發麻、窒息、身體忽冷忽熱，並有出汗的症狀，她馬上讓孩子幫忙撥打 999。

正在看電視劇的年輕男性，看到劇中角色因為心臟病死去的場景，發現自己的心怦怦地跳，胸口也隱隱作痛，腦海中馬上出現「我是不是也要因為心臟病死去」之類的想法。

驚恐症的共同體驗

驚恐症患者常有這樣的體驗：

進行日常活動（如工作、看書、購物、煮飯、乘坐公共交通工具、看電視電影）時，毫無預兆地感到心悸，心臟要從嘴裏跳出來，同時被焦躁不安感猛烈地衝擊着，不論做甚麼都無法緩解這種不適。他們幾乎被強烈的恐懼淹沒，感覺自己即將死去，失去理智或精神崩潰。

也許驚恐症患者還有以下某一種或某幾種體驗：

感到胸悶、胸痛、氣急、窒息，因此會驚叫、呼救或跑出室外；或者伴有頭暈、多汗、面部潮紅或蒼白、身體忽冷忽熱、顫抖、手腳麻木、腹痛、胃部不舒服、四肢發軟，甚至心率、血壓急速升高等生理異常；有人還會有自我的部分或全部不真實、遙遠，外界不真實，或者「靈魂出竅」等痛苦體驗。

這一切如海嘯般席捲而來，猛烈但不持久，往往在 10 分鐘內就達到高峰，在 1 個小時甚至更短的時間內，患者的感覺就會恢復正常。但是這種滅頂之災般的體驗使患者非常焦

慮，無意識地將第一次驚恐症急性發作的狀況銘刻於心底。之後數月、數年，甚至更長時間裏的一次次發作，讓他們活在遠離現實的焦慮中。

注意！！

在身體健康的情況下，出現以猛烈而不持久的心臟不適為主的身心反應是一種心理疾病。

因此，患者會在一次發作之後一直擔心下一次發作的到來，愈擔心便愈易發作，形成惡性循環。此外，出於擔心，他很可能會到醫院急症就診。有些人也許還會被誤診為患有冠心病等生理疾病，他們不得不在醫院的心臟科等科室輾轉。在長期治療後，病情依舊，或沒有明顯好轉。因此有近六成的患者會因為對疾病、死亡的擔憂和恐懼，以及擔心發作時得不到幫助而主動迴避一些活動，如不願單獨出門，不願去人多的場所，不願乘搭飛機旅行等。他們可能出門時需要他人陪同，甚至無法獨自待在家裏或辦公室。

對於這種突然發作且以身體反應為主的「疾病」，醫生通常無法找到真正的生理問題；即使找到一些生理問題，也不能解釋全部症狀。如果醫生有足夠的時間，還會發現這些患者

不僅有身體症狀，還有強烈的情緒感受，這使患者無法正常生活和工作。患者的內心深處有對自我、他人和環境的各種情緒、感受，還有深深埋藏於內心的未被滿足的需求。

臨床心理學將這種反覆出現突如其來且強烈的身體症狀（如明顯的心悸、出汗、顫抖等症狀，以及強烈的瀕死或失控感）、對再次發作的強烈恐懼、為防止再次發作而迴避某些場所和情境的心理疾病，稱為驚恐症（見圖 1-1），英文名稱為「panic disorder」，源於古希臘神話中牧神 Pan 的名字。Pan 喜歡睡在路邊的洞穴中，若有人不小心驚醒了他，他就會發出駭人的驚叫，讓人產生莫名的恐懼。你之所以遭受驚恐症的侵襲，也是由某種應激事件觸發你內心深處沉睡的問題，所以臨床心理學家就用「pan」來命名你所感受到的這種以身體症狀為主且突如其來的恐懼和驚嚇。

01 反覆出現突如其來且強烈的身體症狀

對再次發作的強烈恐懼　　驚恐症　　為防止再次發作而迴避某些場所、情境

02　　03

圖 1-1

驚恐症的獨特症狀

驚恐症的症狀和其他與焦慮相關的心理疾病不同，有以下特點：

- 情緒症狀較少，甚至沒有情緒症狀，症狀以心臟、呼吸系統等身體不適為主；
- 有時患者會在完全放鬆的狀態下，甚至睡夢中發作，因此其表現更像嚴重的心臟病等生理疾病而非心理疾病；
- 身體症狀會一次次地不期而至，這讓患者漸漸覺得自己真的患有心臟病等嚴重的生理疾病，並一直忽視自己可能存在心理疾病。

這三個特點讓患者幾乎無法意識到自己的症狀源自無意識的憂慮，是這種憂慮向大腦發出了錯誤警報，讓患者誤以為不適感是因生理疾病而生。求醫之路漫漫，也無異於緣木求魚，直到越來越多的醫生告訴他「去精神科看看」，患者才有可能帶着「死馬當活馬醫」的想法走進精神科。以致患者在心理治療過程中，配合度較低，治療經常步履維艱。

焦先生開始找我治療之後，先是抱怨藥物讓他頭暈、乏力、走路不穩，停藥之後又抱怨心理治療沒有效果。在治療初期，他甚至在一天內給我的助理傳了 25 封電郵，最長的一

條近千字，主要內容是反覆描述身體的各種不適，最短的一條只有「我不行了」四個字。

在收到他的郵件後，我的助理試圖在電話中引導他做放鬆訓練。焦先生的反應卻是自說自話，他跟我的助理反覆描述自己是如何難受，做記錄和放鬆訓練是如何困難；同時，他質疑我對驚恐症的相關解釋和心理治療的效用，並多次強調自己的性格很開朗，沒有心理問題，是驚恐症的症狀讓他焦慮，而不是內在的焦慮造成驚恐症。

此外，因為部分患者的驚恐症與心臟病、貧血、糖尿病、高血壓等生理問題有關，導致患者更易忽視隱藏在心靈深處的痛苦、焦慮、煩惱、不安。雖然各類藥物可以改善患者的身體健康並讓驚恐症狀暫時消失，但驚恐症仍然會時不時地出現。

程女士的驚恐症與一次小手術後的電解質失衡有着密切的關係。當時她因為術後低血鉀出現了心慌、眩暈、全身無力、呼吸困難、手腳麻木、煩躁不安等症狀，這些令人痛苦的不適使她極度擔心自己有心臟病。

儘管隨後做的血常規、尿液常規檢查、腎功能、心電圖等檢查都證明了給她帶來不適的只是術後電解質失衡而非心臟病，但她始終心有餘悸。加上術後貧血，讓她經常心慌，也加重了她對自己健康的擔憂。雖然後來經過治療，她的各項健康指標都恢復了正常，但在潛意識裏，她仍然害怕自己有心臟病，這種恐懼最終導致她驚恐症發作。後來，經過神經科醫生的抗抑鬱和抗焦慮藥物治療，她的驚恐症一度也消失得無影無蹤，但是因為程女士無法接受自己有心理問題，不能進行心理康復服務，導致驚恐症長時間盤桓。

她另闢蹊徑，從中醫、保健按摩那裏尋找問題解決途徑，試圖通過中藥、推拿、針灸等方法改善症狀。經過半年的努力，她的心臟不適和睡眠障礙確實得到了一定的緩解，但是只要一停止治療，各種症狀就會紛至遝來。這些方法仍無法幫她恢復正常生活。

在朋友的建議下，她又在醫療之外尋找治療的途徑，她先後接受了瑜伽、營養治療等各種正規或不正規的治療，因為她始終無法相信自己的症狀來自內心而非身體或現實問題，所有的治療效果都不盡如人意。

驚恐症的特點

特點一 驚恐症的症狀以生理症狀為主，常會被誤診為心臟病等生理疾病。驚恐症的常見症狀包括但不限於以下身體不適和強烈的情緒反應。

情緒症狀：感覺自己和外界都變得虛幻、不真實，似乎自己的靈魂脫離了軀體，整個人處於半夢半醒的狀態；感覺自己失去了對行為的控制，會做出一些令自己尷尬、顏面掃地的事情；害怕自己會「發瘋」；害怕自己在陌生的地方昏倒，並因無人理會而死去；瀕死感。

神經系統症狀：感覺一陣陣發冷發熱；身體顫抖；感覺身體某一部分出現麻木或針刺感；頭暈、臉紅或蒼白、喉嚨哽塞感；突然昏厥等。

心臟及呼吸系統症狀：心悸、心跳過快、血壓升高、胸痛、呼吸不暢、氣急或窒息感。

消化系統症狀：腹部不適、噁心、反胃、便秘、腹瀉。

生理症狀：手足出汗，腳步不穩，頭重腳輕。

和其他心理疾病一樣，這些症狀並不會同時出現在同一個患者身上，每個驚恐症患者的症狀各不相同，即使同一個患者，每次發作的症狀也不一定完全相同。例如，有的患者發作時需要到室外，有的患者發作時會因腳步不穩而臥床不起。同一個患者平時的症狀多是心跳過快、血壓升高，有時發作會因為窒息感而衝到室外，有時發作卻出現劇烈顫抖。

驚恐症的大部分症狀和心肌梗塞的症狀相似，所以驚恐症很容易被誤診為心臟病。不同的是驚恐症所致的心臟疼痛時間短，一般會在半小時內緩解，疼痛性質一般是鈍痛、針刺般，很少出現像心肌梗塞一樣的壓榨般的疼痛。驚恐症急性發作時的心電圖檢查結果一般是竇性心搏過速，心率多為每分鐘 100 次左右，可能超過每分鐘 200 次，個別人還會出現室性早搏。少數患者會因心臟不舒服而臥床不起，但在症狀緩解後多數可以恢復正常行動能力。如果是心臟病等生理疾病導致的驚恐症，心電圖或其他相關醫學檢查會顯示出更多異常，症狀也比沒有驚恐症的患者更嚴重。

驚恐症還經常被誤診為高血壓，相當一部分患者在驚恐症急性發作時會出現血壓急速升高的情況，收縮壓（高壓）可能升至 200 mm Hg。不過在多數情況下，驚恐症患者的高血壓不會持久，發作過後血壓就會自動下降。如果是高血壓伴

隨驚恐症，會表現為血壓波動範圍較大，常規降壓藥物治療效果不佳，結合使用抗焦慮藥物可能會明顯降低過高的血壓。

特點二　驚恐症常在無明顯誘因的情況下突然發作。和廣泛性焦慮症、恐懼症等不同，驚恐症很少以情緒症狀為主要特徵，更多的是以心臟症狀為主的生理不適。所以大部分患者在第一次驚恐症急性發作的時候首先想到的是「我得了心臟病，我要死了」。久而久之，因反覆發作而擔心沉痾難治，這些患者便輾轉於急症、心臟科、呼吸系統科、耳鼻喉科等。即使所有檢查結果都表明他沒有心臟病、肺病等有明確診斷標準的生理疾病，患者也會傾向於認為自己得了某種嚴重且無法被醫生識別的生理疾病。

特點三　驚恐症的發作通常看上去與重大生活、創傷事件沒有直接聯繫，患者往往莫名其妙地在完全沒有危險、壓力、衝突等正常情況下突然發作。只有伴隨場所恐懼的驚恐症患者，有時會在處於過度擁擠的人群、空曠的廣場以及密閉空間時發作。但即使這類患者迴避這些場所，驚恐症仍然時有發生。

特點四　多數驚恐症急性發作的持續時間不長，短則幾分鐘，長則數小時。在首次發作後，在一段時間內發作會變得

相對頻繁，隨後可能在相當長的一段時間裏患者都不會再出現症狀。

特點五 患者會有強烈的失控感。患者會擔心自己患有心臟病，也擔心自己在公共場所發作而被他人用異樣的眼光看待，還擔心自己失去控制、死亡或精神失常。一部分患者在發作時還會出現心肌梗塞般的瀕死感。為了保證自己在發病時可以得到及時救助，患者會要求家人或關係極其密切的朋友全天候陪伴，一旦陪伴者離開患者，患者就會因頭腦中充滿了各種令他不安的想法而坐立不安。

特點六 驚恐症的恐懼往往缺乏具體的恐懼物件。驚恐症患者的恐懼與正常的恐懼和膽小不同，常與任何危險情境、人物、物品、動物無關。

驚恐症患者的恐懼與恐懼症患者的恐懼也不同，驚恐症患者一般不會對特定場景（如當眾演講）、特殊場所（如醫院）、特殊聲音、特定詞語等感到恐懼，只有少部分患者在與其驚恐症發作相關的場所，如人群聚集或空曠的廣場、密閉空間等情境中易於發病，但即使是這部分患者也不會僅在特定條件下發作。

驚恐症患者的恐懼也與杯弓蛇影類的錯覺式恐懼不同，患者的恐懼通常是沒有任何來由的，患者並不會因為把某種無害的物品看成有害的而發作。

特點七 驚恐症患者常有迴避行為。驚恐症患者會長期沉浸在各種擔憂之中。為了避免再次發作，患者會長期過度使用藥物。因為擔心再次發作，擔心生理失控、死亡、精神失控，驚恐症患者會傾向於迴避、猶豫、拖延。因為驚恐症患者在人太多或太少的場所、密閉狹小或過於空曠的空間、陌生的環境中容易產生焦慮、緊張、恐懼、煩躁等情緒，因此患者常常會避免獨自在家、乘坐公共交通工具、購物、外出旅行、乘搭電梯、身處地下室等。

就如焦先生在患病時拒絕乘坐地鐵、巴士；程女士迴避、拖延工作，避免自己處於有壓力的情境、陌生環境中；張先生要求妻子陪伴自己，避免獨處。

驚恐症不可怕

如果你是驚恐症患者，我還要告訴你一些關於驚恐症的好消息。驚恐症是一種常見心理疾病，很多人和你一樣正在經歷同樣的事情，你並沒有患上古怪的不治之症。你沒有遇到病

友是因為大部分驚恐症患者和你一樣會將自己的焦慮和恐懼隱藏到潛意識裏。

你的心臟等器官目前都沒有任何嚴重或具有致死性的問題，所以你不必擔心自己因身體問題而患重病並臥床不起，更無須擔心自己會因此死去。

你不會因為驚恐症而精神失常、行為失控。驚恐症急性發作期間出現的身體不適不是你的幻覺，而是真實存在的身體感覺，只不過這種不適並非源自生理疾病，而是由於心理疾病。

驚恐症是一種治癒率很高的心理疾病。精神科醫生、臨床心理學家為驚恐症患者準備了許多行之有效的自助和治療方法。輕度驚恐症完全可以通過心理自助得以解決，中度及重度驚恐症患者也可以通過心理治療和藥物治療回到正常生活中。此外，經過心理上的重建，你會擁有更強大的內心世界、更好的人際關係、更幸福的家庭生活，你的工作、學習效率也會更高。

1.3

我正在經歷的是驚恐症嗎

大多數驚恐症患者和家屬對驚恐症幾乎一無所知，甚至醫生、護士、社工等專業人士都對這種常見心理疾病了解甚少。

當你遭遇和焦先生、程女士、張先生類似的情況時，最好自主學習一些簡單的評估方法，看看自己是否需要心理幫助。雖然只有心理醫生和精神科醫生才能做出關於驚恐症的準確醫學診斷，但你也能通過學習下面的評估方法，學會對自己的困境做出初步的判斷，進而開始你的自助或治療旅程。

第一步：生理健康初步評估

當你的身體出現心悸、心動過速、冷汗淋漓、身體發飄、手腳發麻等症狀，無論是你還是你的治療者，毋庸置疑，首先需要對你的生理健康狀況進行初步評估。因為冠心病、貧血、高血壓、糖尿病、甲狀腺功能亢進、低血鉀、低血糖、鈣鎂缺乏等許多生理問題都有可能引發這些症狀，而且生理問題的短期危險性高於心理疾病。

所以，在心理評估之前，你需要一位全科醫生通過一系列針對目前症狀的相關檢查對你做出準確的健康評估。例如，有心慌、胸悶等症狀時，你需要心電圖等心臟相關檢查；有出汗、發抖等症狀時，你需要血糖、甲狀腺功能等內分泌科檢查；有手腳發麻等症狀時，你需要神經系統相關檢查。最後，你還需要接受專業的健康評估訪談。如果醫生認為有必要，還會推薦你到心臟科、神經科、呼吸系統科、耳鼻喉科等進一步接受診療。

如果經過全面的健康評估，醫生仍然認為你的症狀與生理疾病無關，或者你目前所患的生理疾病不足以讓你如此痛苦，你就可以接受初步心理評估了。

如果你被初步診斷為冠心病、電解質紊亂、甲狀腺功能亢進等疾病，經過治療，療效不佳，並且多家醫院診斷不一致，同時你還伴有情緒低落、煩躁、焦慮、不安等心理症狀，你也需要得到心理評估，以確定你在患有生理疾病的同時是否還伴有心理疾病。

如果你被初步診斷為原發性高血壓、心臟神經官能症等與心理因素關係極為密切的身心疾病，你也需要接受進一步的生理和心理評估，以確定你的症狀到底是來自你的身體還是你

的心靈世界。因為有研究表明超過四成的身心疾病伴發包括驚恐症在內的心理疾病。部分驚恐症患者也會因為多次被測到超高血壓而易被誤診為原發性高血壓。醫生可以通過多次24 小時心電圖服務、24 小時連續血壓測試等生理相關檢查以及系統心理評估來幫助患者診斷。

生理健康初步評估的流程見圖 1-2。

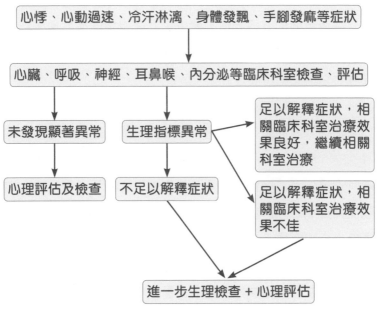

圖 1-2

與生理疾病無關的驚恐症

剛剛而立之年的呂先生，從半年前起，經常出現心慌、血壓陡然升高的情況，血壓最高可達到 190/120mmHg。因為父母都有高血壓史，呂先生非常擔心自己年紀輕輕就患上高血壓，趕忙到醫院做檢查。血常規、血脂、血糖、尿常規、電解質檢查、皮質醇檢查、兒茶酚胺檢查、心電圖等一系列檢查排除了心臟的問題、腎臟疾病等繼發性高血壓因素，被醫生診斷為原發性高血壓。經過半年治療，呂先生的血壓仍在高位徘徊，他只能在不同醫院反覆就醫。後來經過多次 24 小時連續血壓測試，醫生發現呂先生只是在情緒激動、緊張等特定情形下血壓升高，每次持續時間不超過 30 分鐘，其他時間血壓只是略高於正常值。心臟科醫生認為呂先生有可能並非患上了高血壓，而是焦慮造成的血壓升高，遂推薦他到臨床心理服務就診。臨床心理醫生結合臨床醫學診斷和心理評估，診斷呂先生患有驚恐症。經半年臨床心理治療，呂先生的血壓初步恢復正常。

生理疾病伴發驚恐症

年屆不惑的方女士因房室結迴旋性頻脈在某醫院心臟中心接受射頻消融術，術中曾三度出現房室傳導阻滯。術後 3 個月，她突然出現持續近 20 分鐘的頭暈、噁心、心慌、嘴麻、四肢麻木、手抖、瀕死感等一系列症狀。儘管之後方女

士身體基本恢復正常，但她仍然心有餘悸，一直擔心自己舊病復發。加之這些症狀幾乎每週都會出現一兩次，方女士不得不回到該醫院心臟中心就診。醫生根據她的病史和症狀，給她安裝了心臟起搏器，但術後她的情況並沒有顯著好轉。醫生遂調整了起搏器頻率，卻仍然無法改善她的狀況。心臟中心醫生考慮方女士可能出現了心臟病伴發焦慮，遂請臨床心理科會診。經綜合評估，臨床心理醫生診斷方女士患有心臟病伴發驚恐症。

第二步：驚恐症的心理評估

如果你有以下某條症狀的一部分，請將其選出來：

☐ 心悸、心慌、心臟怦怦直跳，心率超過 90 次 / 分鐘甚至更高，有時伴有血壓升高。

☐ 沒有緣由地出汗，嚴重時大汗淋漓。

☐ 身體突然震顫或發抖，例如手抖、肌肉抖動。

☐ 感覺胸悶、呼吸急促，或者感覺喉嚨被堵住了。

☐ 感覺胸部疼痛、緊縮感。

☐ 感到噁心、胃痛、胃部緊縮或肚子不舒服。

☐ 頭暈、感到站不穩或坐不穩，身體發飄，覺得自己會暈倒或曾經暈倒。

☐ 明明處於清醒狀態卻有做夢的感覺，感覺周圍的人和事

物變得不真實，或感到「靈魂出竅」。

☐ 害怕自己做一些不應該做的事情或害怕自己會發瘋。

☐ 身體各處感覺異常，如發麻、感覺像蟲子在身上爬、針刺感等。

☐ 感到身體一陣陣發冷或發熱。

如果你出現了四種及以上相關症狀，並且之前至少出現過一次突然、沒有預兆的嚴重發作，最近 1 個月因為擔心出現這些症狀而持續或間斷感到焦慮、不安，在擁擠或空曠的場所、獨處、乘坐公共交通工具、獨自開車、乘坐電梯、有壓力的工作場所、嘈雜聚會、睡夢中時更容易發作，以上症狀就有可能來自驚恐症。

與壓力相關的驚恐症

小美是一名文靜的女大學生，自訴從中六起一直有心悸、心動過速，心臟部位甚至胸背部經常會有突如其來的刺痛、刀割樣痛或持續的隱痛，有時候還會四肢發麻、頭暈、震顫甚至手足抽搐。父母先後帶着小美去了醫院做了血壓、心電圖、血脂、血糖、肝腎功能、血常規、動態心電圖、心電圖運動試驗、心臟超聲波檢查、胸部 X 光等檢查，所有檢查結果都說明小美沒有其他臟腑病變。醫生找不到小美不適的原因，只能使用普潘奈等受體阻滯藥減慢心率，減輕小美的症

狀。即使藥物有助於緩解症狀，但之後，每當有方方面面的壓力時，小美的症狀就會出現。大學二年級時，小美還因為考試壓力過大，暈倒在考場上。

在放鬆狀態下發作的驚恐症

小靜是一名新手母親，在孩子3個月大時，小靜的婆婆不慎摔傷住院，小靜只能自己帶孩子。儘管孩子還算乖巧，小靜的丈夫也會盡量騰出時間一起照看孩子，但一種心理疾病還是悄然進入了小靜的生活。

在孩子9個月的時候，小靜開始出現心慌、胸痛、煩躁的症狀，時常感到身體一陣陣發熱，她還總是被噩夢驚醒，醒後常常會在一兩個小時內無法入睡。她認為這是因為自己在懷孩子的過程中身體虧得太多了，於是她找中醫開了幾個月的藥膳。噩夢減少了，但她還是會半夜突然醒來。即使她的丈夫為了讓她有一個更好的睡眠環境而帶着孩子在別的房間睡，小靜還是常常驚醒。在驚醒後的第二天，小靜一定會出現心慌、煩躁的症狀，這些症狀又會使小靜的睡眠質量更差，形成惡性循環。

第三步：評估驚恐症的嚴重程度

我的患者經常會問我，「我現在還需要繼續接受治療嗎」或者「現在我不管它，會不會有事」。我的答案是，如果在過去 3 個月或更長的時間裏，你沒有出現嚴重的驚恐症急性發作，症狀也沒有對你的生活、工作、學習造成嚴重影響，即使你有時還是會感到心慌，你仍然可以不再關注驚恐症。保持良好的生活習慣、適當運動、合理膳食、享受生活會比你花時間治療驚恐症更有價值。

如果你的情況符合以下描述之一，你就還需要進行心理自助，或接受心理諮詢與輔導。

你每週仍然有一次以上的驚恐症急性發作，並且在發作的時候，你的注意力只能集中在症狀上，甚至你會失去活動能力；或者 3 個月內有至少 1 次發作，在 2 次發作間隙，你一直擔憂自己會被驚恐症急性發作突襲；或者你因為擔憂驚恐症急性發作而不敢乘坐電梯、飛機，不敢外出旅行，不敢獨處，不敢運動，不敢去陌生場所；或者驚恐症使你的生活、工作能力水平下降；或者你的社交活動時間和之前相比減少超過了三成，並且你在社交活動中感到煩躁不安，或不想聽到別人發出的聲音。

如果你的情況符合以下描述之一，你就需要尋求心理治療師、心理醫生，甚至精神科醫生的專業心理治療，以便從困境中走出來：

每週 2 次以上嚴重的驚恐症急性發作，在發作時，你不得不停止正在做的事情，或必須馬上離開當時的環境，否則就會坐立不安，嚴重時還會出現瀕死感；或者你因為害怕驚恐症急性發作而無法正常工作、生活；或者你要求親近的人全天候陪伴；或者你因為迴避某些情境而生活停滯，甚至不能上學、工作、承擔家務；或者你因為擔心在他人面前驚恐症急性發作而幾乎不再外出社交。

第四步：是否還存在其他心理問題或疾病

如果容易感到無助，覺得生活沒有意思、沒有希望，對甚麼都不感興趣，做事情總有無能為力的感覺，在壓力下很容易感到焦慮，那麼你還需要評估是否伴發抑鬱症。

如果你還有強迫行為（如反覆檢查門窗是否關好；水電氣的閥門是否關閉；反覆想「我會不會碰到髒東西」；吃飯時一定要先把筷子朝某個方向擺放好，否則就會感到強烈的不安），那麼你還需要得到評估，以確認是否伴發強迫症。

如果你的症狀只在特定的情境（如身處電梯等狹小空間）下或因特定事物（如蛇等令人恐懼的動物）出現，那麼你需要得到評估，以確認你所患上的是否並非驚恐症，而是恐懼症。

當然，如果對上述自我評估方法仍心存疑慮，你最好還是找心理醫生做一次專業的心理評估，以便做出更為準確的判斷。不過，如果條件有限，你找不到合適的心理醫生也不要擔憂。接下來，你會學到更多關於驚恐症的知識，更為充分地了解甚麼是驚恐症，以幫助你對自己的情況做出更準確的評估。

1.4

與驚恐症相關的那些問題

驚恐症家族

臨床心理學通常把驚恐症分為兩大類：不伴有場所恐懼的驚
恐症和伴有場所恐懼的驚恐症

相當一部分患者驚恐症急性發作和場所沒有直接關係。這類
患者通常症狀較輕，發作頻率較低，不伴有場所恐懼的驚恐
症患者的生活和工作一般不會受到明顯影響。這部分驚恐症
患者的症狀可能逐漸消失，也許利用心理自助在短時間內就
能完全擺脫困擾。只有少部分患者會因為發作頻率高，症狀
嚴重而不得不尋求專業的心理治療。

另一部分患者的驚恐症急性發作，通常與乘坐飛機、獨處、
乘搭電梯、密集人群、陌生場所等情境有關。如案例中所提
到的程女士等患者，因為害怕驚恐症急性發作而拒絕乘坐公
共交通工具，要求家人陪伴，拒絕購物、去醫院、乘搭電
梯，盡量減少外出等。我們將這類問題稱為伴有場所恐懼的
驚恐症。這些患者多數發作頻繁，症狀嚴重，還會因為無法

正常外出、旅行，以及對家人陪伴的強烈需求而讓生活和工作都受到限制。大多數這類患者除了進行心理自助之外還需要接受專門的心理治療、藥物治療和物理治療。

驚恐症的夥伴

驚恐症是一種非常喜歡結集「伙伴」的心理疾病，它不僅容易與場所恐懼共病，還常常與抑鬱症、廣泛性焦慮、幽閉恐懼症、高血壓、糖尿病、貧血、低血鉀、冠心病、失眠等心理和生理疾病共病。

與抑鬱共病

在患病五年後，程女士變得越來越不願和人交往。父母跟她說話會讓她感到非常煩躁，和同事交流更是令她如坐針氈；生活變得乏味，她對任何事都提不起興趣，不管做甚麼事她都會拖延；她無力處理好生活雜事（比如做飯，晚上丈夫因臨時加班而不能回來做飯，她就和孩子叫外賣吃）；她總覺得自己的生活已經沒有希望、沒有意義，有時還會在夜深人靜的時候獨自哭泣。驚恐症急性發作與她的健康狀況有着密切的關係。有段時間因為她的飲食習慣不好，月經過多導致貧血，她驚恐症急性發作的頻率就比較高。

與冠心病共病

一名 65 歲的女性患者有輕度冠狀動脈粥樣硬化,病變沒有嚴重到造成心肌梗塞的程度,但她卻因為「心臟病」頻繁造訪急症和心臟科。每次急症症狀都是心率每分鐘 150 次以上,收縮壓 180mmHg 以上,同時伴有「虛脫」、瀕死感、四肢無力,導致她無法站立和自主行走。

與幽閉恐懼症共病

35 歲的陳女士,只要處在 100 呎以下的密閉空間就會出現大汗淋漓、心慌氣急的情況。她根本無法乘搭電梯,每天上班和回家只能靠自己氣喘吁吁地爬樓梯。她也無法獨自走進家裏一個只有 70 呎的小房間,否則就會出現呼吸不暢、頭昏、頭痛、心悸等各種症狀。

與乳腺疾病共病

年屆不惑的余女士,為人非常刻板、嚴肅,平素很少表露自己的情緒。在第二次乳腺手術後 3 個小時,她突然出現心慌、氣急等症狀,遂緊急呼叫護士。護士看到這一情況後馬上叫來了主治醫生,可是當主治醫生趕來時,余女士的症狀已經消失得無影無蹤。主治醫生在給余女士做了心電圖和超聲波後,均未發現她的心臟有甚麼異常情況。主治醫生遂找來心臟中心醫生會診,會診後醫生們也沒發現余女士的心臟

有任何臟腑病變。於是，主治醫生懷疑余女士的症狀是由某種心理疾病所致的身體反應，便提出心理會診。

經過心理評估、羅夏墨跡測驗等多角度評估，醫生們基本確定余女士的症狀源於驚恐症。在之後的心理治療中，心理醫生發現，余女士時而驚恐症急性發作的情況持續了數年，第一次驚恐症急性發作的時間點基本上與乳腺結節的發病時間點相同，但之前的診斷一直是心臟神經官能症。

與糖尿病共病

寡居多年，年近八旬的張婆婆最近兩個月在沒有任何徵兆的情況下出現了 2 次原因不明的心悸、胸悶、心臟刺痛。救護車將她送至醫院急症科，醫生從心電監護儀上發現她發病時心率最高達到每分鐘 180 次，收縮壓最高達到 210mmHg。經急症科治療，她的心率、血壓基本恢復正常。

張婆婆患有糖尿病已經 20 餘年，近 10 年一直使用胰島素治療。在 5 年前，張婆婆被檢出血壓偏高，於是持續 4 年半服用降壓藥，其間血壓、血糖控制良好，無其他臟腑病變。然而，張婆婆嚴重的心臟不適仍然讓醫生不敢掉以輕心，醫生還是給張婆婆做了冠狀動脈造影等一系列心臟檢查。檢查

結果顯示張婆婆的冠狀動脈有輕度狹窄，然而這種程度的狹窄不足以造成張婆婆嚴重且頻繁出現的心臟不適。醫生遂請臨床心理科會診，診斷結果為驚恐症。

另外，驚恐症和失眠一起造訪患者的概率也很高。主要原因有三個：

1 驚恐症和失眠的發病原因都與壓力、焦慮有關；

2 驚恐症患者常常會因睡夢中驚恐症急性發作而影響睡眠；

3 驚恐症伴發的抑鬱和焦慮會造成患者早醒或入睡困難。

似是而非的驚恐

驚恐症患者在確診之前常誤將驚恐症當心臟病、高血壓等生理疾病，確診之後又經常誤將其他生理問題和疾病當驚恐症。也有極少部分患者會錯誤將自己的生理疾病當作驚恐症。

誤將生理疾病當作驚恐症

賈女士有抑鬱症病史，曾經接受過一段時間的心理諮詢，對心理疾病有一定了解。當出現心慌、呼吸急促、手抖、煩躁、失眠等症狀後，她自行在網上搜索科普文章，認定自己患上了驚恐症。她使用安眠藥物對抗焦慮，效果還不錯，但她不想長期服用安眠藥，遂來心理科就診。在診療的過程中，我注意到她除了有與驚恐症相關的症狀外，還有情緒不穩定、思維過度活躍、雙手一直細微震顫、眼瞼水腫、進食和便次增多、體重減少等症狀，因此我懷疑她可能患有甲狀腺功能亢進，於是我將她轉至內分泌科進一步診療。

已治癒或好轉的患者誤將身體不適當作驚恐症急性發作

此外，一些痊癒或症狀已明顯減輕的驚恐症患者可能會因攝取咖啡因（常見於咖啡、可樂、濃茶、朱古力中）、酒精、麻黃鹼及偽麻黃鹼（常見於感冒藥中）等，吃大量冰凍食物，長時間加班、過於疲勞，而出現心慌、心悸等症狀。經醫學診斷排除生理疾病，我們基本上可以認為這是一種正常現象。患者只要在之後的飲食中避免攝取這類物質，保持良好的生活習慣，避免連續加班即可。

第二章 ｜ 驚恐症是身心的提醒

驚恐症是身心對所受刺激的適應性反應，

它的存在是為了提醒你：

停下來，關注一下自己的心靈和身體；

接納那些被你埋藏在潛意識裏的

創傷體驗和不被你接受的自我特質；

改善使你社會功能受損的思維模式、

生活方式、行為模式。

2.1

驚恐症是一種適應性反應

我稱驚恐症為一種適應性反應，並非說它不是一種心理疾病，而是強調在驚恐症急性發作時，你並未身處險境。你所遭遇的一切不適並不是一種生理疾病的症狀，而是身體對外界過度刺激的反應。就像我們不可避免地被病毒侵襲時，低於 38℃ 的低燒可以快速啟動免疫系統集中力量幫你建造一道更堅固的屏障。低強度的焦慮、恐懼是正常的情緒反應，它們幫助我們對社交問題、人際關係問題、疾病、交通事故等做出及時反應。適度焦慮還是一種內在驅動力，幫助我們改善思維和行為方式，抵禦外界或內心無法承受的壓力，為面對挑戰做好準備，以便更好地適應環境中的壓力。只是有時焦慮、恐懼水平會在你不經意間超過身心承受能力，帶來驚恐症這種心理疾病。

因此，如果你是一名驚恐症患者，你把它看作一個提醒者，而不是一種無法接受的嚴重疾病，那麼它就會給你建議，教你學會給自己減壓。這個過程也許並沒有那麼愜意和美好，然而如果你能夠傾聽並接納驚恐症，那麼當你擁有更好的生活時，它就會悄然隱去。如果你把驚恐症看作侵襲你的疾

戰勝恐慌

病，它就會不斷地攻擊、騷擾你，讓你不堪其擾，最終只會陷入恐懼的泥潭。

為甚麼會有這種適應性反應

數萬年前的原始人類和當時的大型動物相比是非常弱小的，在生存中總會面臨各種無法應對的危險。於是，富有智慧的人類在不斷與各種危險的鬥爭中形成了「戰鬥 —— 逃跑」反應：身體會自動增加腎上腺素分泌，交感神經系統興奮，血液更多地湧向心臟、四肢肌肉，瞳孔擴大，汗液分泌增多，呼吸急促，骨骼肌繃緊，血液向消化系統的注入減少。因此，我們能夠快速和猛獸搏鬥，或者快速逃離。這種人體機能在數萬年裏讓人類更好地適應複雜多變的外部環境，得以繁衍生息。

隨着人類社會的發展，我們所面臨的外部風險逐漸減少，即使有風險，多數也不會危及生命。於是，大部分人不會經常產生「戰鬥 —— 逃跑」反應，然而還有一小部分人對自己有較高要求，期待自己做得更好。當他們長期處於壓力、風險、困難、疾病、傷害中而無法脫身時，潛意識中的原始本能就會被喚醒並使他們進入「戰鬥 —— 逃跑」狀態。

驚恐症帶給我們的好處

正因為驚恐症是一種適應性反應,所以它帶給你的絕不像表面上那麼糟糕。事實上,令人飽受折磨只是驚恐症的表象。從本質上說,驚恐症是一種提醒:你曾經或正在經受過度的壓力;你因為對自己太苛刻、要求太高而不堪重負;過去所經受的身體、心理創傷正侵蝕着你的健康,讓你的身心失去了平衡。如果能意識到自己曾經遇到的或正在經歷的問題,你就有可能擁抱更健康幸福的生活。之所以無法擺脱目前的困境,也許是因為你尚未注意到,走出困境需要更好地聯結身體和內心世界;也許是因為你把自己無法接受的心理傷痛、缺陷、問題深深埋藏在不易為人所知的心靈深處;也許是因為你過於擔心他人看到你發作的情形而排斥、指責、嘲笑你,並讓你感到尷尬、憂慮、恐懼、憤怒、不安。

驚恐症通過強烈的症狀,試圖讓你正視自己內心積聚已久的煩惱、恐懼、不安、焦慮、憤怒,正視在過去或長或短的一段時間裏你對自己身心健康的忽視,對父母、丈夫 / 妻子、孩子、上司、同事無法言説的不滿和憤怒,對周圍環境的不適應……然後促使你改善自己的生活、思維、行為方式,以及情緒表達模式,使你更好地適應環境,更好地生活。

從第一章的幾位患者身上，我們可以看到驚恐症是如何提醒他們適應生活環境的：

與許多驚恐症患者一樣，焦先生是一個充滿了熱情與活力的年輕人，看上去身心健康、社會功能良好，似乎不應該出現軀體或心理問題。事實上，驚恐症發生之前，焦先生在生活、工作中也一直都比較正面、積極。焦先生的成長經歷和父母的養育模式也沒有明顯問題。

只是焦先生和他的父母沒有注意到兩點：一是過於強調陽光。他們忘了有陽光的地方一定有陰影，否認陰影會讓它埋藏進潛意識的最深處，並在意識之外悄無聲息地滋生。之後當焦先生遇到工作壓力等誘發因素時，這種陰影會猝不及防地跳出來重創他。二是過於強調正確、負責，這讓焦先生的內心世界繃緊了「正確」這根弦，繃得久了總有一天會斷掉。

驚恐症的出現提醒了焦先生應該重構思維和行為模式，接納自己的陰影，放鬆長久以來繃着的弦，讓生活、工作更加平衡，身心更健康。

☆ ☆ ☆ ☆ ☆

程女士生於一個工程師家庭。作為父母唯一的孩子，她從小倍受寵愛，父母對她的照顧可以說是無微不至，直到 10 歲時她才和父母分床睡。對於她的學習，父親和母親的態度有很大差別：父親很寵她，對她要求不高，百依百順；母親卻很嚴厲，很少滿足程女士的需求，一味要求程女士成就一番事業以實現母親自己未完成的夢想。在這樣的家庭背景下，儘管程女士學習成績一直非常突出，但她每次考試時都會因心理壓力較大而感到緊張、焦慮，以至於高考時發揮失常，考進一間並非心儀的大學。大學期間，程女士加倍努力學習，升讀碩士。在畢業後，程女士進入一間大企業工作，過了一段舒心輕鬆的日子。後來，結婚、升職，她發覺生活、工作樣樣都不容易，這讓她不堪重負，常常感到非常憂慮和無助。

禍不單行，她的母親外出時因不慎被人撞倒而臥床養病，便不能經常過來幫程女士做家務和聊天；程女士的好姊妹懷孕生子，忙得焦頭爛額，無法經常傾聽程女士的各種煩惱。程女士只能回家和丈夫訴說心事，丈夫剛開始還聽，幫助她分析問題，提出問題解決方法。程女士說得多了，丈夫也感覺有些無措，不止一次地對她說「辛苦就辭職，正好回家再生個寶寶」。雖然兩人早就計劃生第二個，但丈夫的話還是讓程女士覺得自己的生活失控了。

對於程女士來說，驚恐症更多是在提醒她，在過去的幾十年裏，她的內心一直充滿了衝突，是時候停下來聽一聽自己內心的聲音，讓自己變得更加真實、富有活力和創造性，身心更加完整。當她能夠跟隨內心的呼喚，不再為他人的讚賞而活的時候，她才能更加健康和幸福。

☆ ☆ ☆ ☆ ☆

張先生的父親是一名白手起家的企業家，對自己唯一的兒子要求非常嚴苛，兒子有一絲瑕疵就會遭受疾風暴雨式的批評和指責。這讓張先生成了異乎尋常的完美主義者，過度自律、執着，容易把所有的問題歸咎於自己。更為糟糕的是，張家父子、母子的交流缺乏情感互動，他們幾乎不會和對方分享自己的情緒，不論是喜悅，還是悲傷、憂慮、恐懼、煩惱、憤怒、驚嚇、思慮，張先生都很難從父母那裏得到回應。

在初中時，張先生在學校裏因為被同學誤解而和同學發生衝突導致脛骨骨裂。他打電話給父親，希望得到安慰和幫助，而父親根本不聽他的訴說，不分青紅皂白地斥責。最後是老師把張先生送到醫院，父親只是安排了自己公司的職員來醫院照顧他。住院期間，父親由始至終都沒有露面，母親也只來了兩次。從那時起，張先生就完全隔離了自己的情感。

從表面上看，正值青春年少的張先生變得更加成熟穩重；實際上，他所有的情緒都轉由身體表達。上高中時，張先生就特別容易肚痾，上大學後又出現胃脹、反胃、失眠等一系列症狀。直到發病之前的半年，張先生因為獨立管理一個項目，感到前所未有的壓力，出現頭暈、失眠、血壓升高等症狀，最終他的心臟不堪重負，提出了「嚴重抗議」。

對張先生而言，驚恐症就是在善意地提醒他，「你的內心最深處藏有一處情感垃圾堆填區，那裏有對父母的怨恨和憤怒，有對自己的失望和擔憂，有人際關係衝突」、「在過去的時光裏，你沒有照顧好自己的身體，給身體帶來了很多無妄之災」、「你需要更加了解自己，尋找屬自己的生命光華」、「你需要發現真實的自己，做好自己，而不是成為父母期待的樣子」……

除此之外，驚恐症還是你的護身鎧甲。驚恐症的存在，讓你可以在潛意識裏對自己說「我病了，所以我不用管其他任何事」。你藉此迴避那些真正讓你害怕的東西：也許是潛意識中對父母的憤怒，也許是無法達到的職業目標，也許是生活或工作中無法解決的困難……只要驚恐症存在，你就可以一直無視周圍的風風雨雨。

2.2

大腦、身體與驚恐症

是甚麼導致在芸芸眾生中會有人與驚恐症這種偽裝成生理疾病的心理疾病相遇？遺傳學家、分子生物學家、精神科醫生、社會心理學家、精神分析師、認知行為治療師……莫衷一是。

大部分遺傳學家、分子生物學家、精神科醫生傾向於驚恐症來自某種生理上的失調，例如，神經細胞間的 5- 羥色胺和去甲腎上腺素濃度過低，從而導致杏仁核、藍斑等機能失調，使患者對外界刺激過分敏感，容易遭受驚嚇，從而罹患驚恐症。

臨床心理學家更傾向於是心理、社會因素導致驚恐症的發生；例如，長期壓抑的憤怒情緒，對自己或他人感到失望而產生的不安全感，患者成長中因父母情感忽視、拋棄、虐待而產生的心理衝突、不安全感、恐懼、迴避。

隨着對驚恐症研究的深入，越來越多的心理學家和精神病學家發現單一因素無法合理地解釋驚恐症的發生。因此，近年

來，大部分臨床心理學家和精神科醫生認為，綜合考慮包括遺傳、神經生物、父母養育模式、患者成長經歷、患者周圍社會和自然環境、患者自身健康狀況等因素才能合理解釋驚恐症。

一般認為驚恐症的**生理因素**發病原因包括以下幾個方面：生理因素包括遺傳因素、神經生理因素、疾病或健康問題、飲食與藥物因素（見圖 2-1）。

圖 2-1

遺傳因素

和大多數疾病一樣，驚恐症與遺傳有一定關係。你可能從父母那裏遺傳了一種敏感、易於焦慮、易激惹的特質，在你遭受急性或慢性應激時，這種特質會讓你比其他人更容易產生「戰鬥 — 逃跑」反應，導致驚恐症的發生。

神經生理因素

神經細胞間的 5 - 羥色胺、去甲腎上腺素等濃度降低會導致神經傳導通道、杏仁核、藍斑等功能不良，導致自主神經系統、內分泌系統失調，讓易感者患上驚恐症。

(1) 大腦中的情緒反應系統

你感到心臟不舒服，而又找不到心臟或身體其他部分的病變，便認為自己病入膏肓，或認為醫生的水平太低，不足以診斷你這種特殊疾病。你幾乎不會想到，感到心臟不適僅僅是因為你的大腦欺騙了你。

當第一次感受到心臟像要跳出胸膛一樣劇烈跳動時，張先生真的認為自己馬上就會因心肌梗塞而死去。即使之後一次、兩次、三次，病情反覆發作，他也依然活着，

但張先生仍相信下一次自己就會真的死去。在整個過程中，張先生完全沒有想到他的心臟並沒有真的生病，他所感受到的一切，只是大腦向心臟等身體器官發出的警報，以激活「戰鬥 —— 逃跑」模式。大腦是如何欺騙你，讓你一直把心理疾病當作生理疾病並接受無效治療的呢？你需要先了解一下大腦中與心理有關的結構，有助於你更好地理解自己，為接下來的自助做好準備。

大腦中與心理有關的生理結構主要有兩個部分，邊緣系統（包括杏仁核、海馬等）和前額葉（見圖 2-2）。其中邊緣系統和情緒的關係比較密切，前額葉則與理性認知相關度較高。

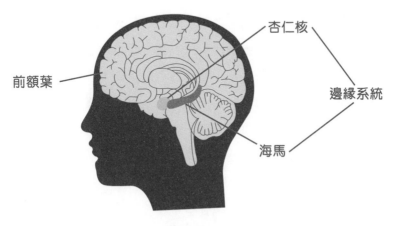

圖 2-2

邊緣系統位於大腦半球的內側面，在大腦與間腦交接處的邊緣連成一體，由海馬結構、海馬旁回及內嗅區、齒狀回、扣帶回以及杏仁核等組成功能系統，故被稱為邊緣系統。它與感覺、內臟活動、情緒、行為、學習、記憶等有關。

一些心理學家認為海馬是原始的情緒中樞，當海馬受內在或外在負面的心理或生理影響時，你的心臟、肺、內分泌及免疫系統就會失衡，導致你睡不好，腸胃不好，甚至身體的各個部分都會出現不適感。

杏仁核等部分是你的情緒控制中心，負責測探危險，判斷當下的環境刺激是令人愉悅的，還是令人害怕的。杏仁核可以在海馬的幫助下，從新的和舊的體驗中快速判斷訊息是安全的還是危險的，讓你可以應對複雜的外部環境。在正常情況下，當你面對危險時，杏仁核促使包括腎上腺皮質激素和腎上腺在內的壓力激素大量產生，讓你心跳加速、血壓升高、心率加快。一旦危機過去，你的身體就能快速恢復正常。例如，當你面對向你疾馳而來、似乎失控的汽車，在你還沒有意識到危險的時候，杏仁核已經快速調動自主神經系統來促使全身處於「戰鬥－逃跑」狀態，讓你迅速避開汽車。危險解除，

你的身體就會在幾分鐘到一小時內恢復到正常狀態。

前額葉是你額頭及頭頂前部區域所對應的腦區，負責通過理智、客觀分析，讓你明白自己的反應是否適當，以中止過度的應激，讓你內心儘快恢復平靜。你能否保持健康的心理狀態，與前額葉在遭受創傷、危險、苦惱後的反應活躍程度有關。

（2）大腦如何欺騙你

在前額葉活躍程度正常的情況下，你可以對事件做出理性的判斷；前額葉活躍程度降低會使前額葉與杏仁核的協作出現問題，導致你在面對負面事件時，無法正確判斷他人是善意的還是惡意的，事件是積極的還是消極的，你能否應對；或者你的杏仁核在前額葉做出理性判斷之前即快速做出情緒化反應，導致你的自控力降低，在負面事件發生後應激反應變強、負面情緒消退減慢。例如，當身心健康的時候，遇到工作上的挫折，你會積極思考問題發生的原因、解決問題的辦法，以及是否有人可以幫助你；當你正為驚恐症所困時，在前額葉做出反應之前，邊緣系統已經發出了「危險」的信號，你很可能就會出現心慌、忽冷忽熱、呼吸急促、煩躁不安等症狀。

這可能是因為在被你遺忘的過去（尤其是童年），你曾遭受嚴重或持續的創傷。你因這些創傷而長期無意識地壓抑自己的恐懼、悲傷、憤怒，但你難以意識到這些情緒正在損害你的身心健康。過去的創傷體驗還會讓你更容易將普通事件視為威脅，在與他人相處的過程中，微小的誤解也可能讓你感到痛苦。此外，如果你的心結沒有解開，錯誤的心理防禦機制會導致你體內的壓力激素持續處於較高水平，那些深埋於心的、未被解決的問題會在你的心底留下烙印，讓你成為過去的囚徒，讓你感受現實，卻總是活在過去。這也會使你深陷困境：難以融入群體，被保護、被理解的重要需求難以得到滿足；或者你無法向他人表達自己的情緒；或者你的行為與自己的需求背道而馳；或者你處理人際關係的方式出現了嚴重的問題。

這些過往的創傷會擾亂前額葉和邊緣系統的協作，使腦內多種化學物質失調，你會更容易產生恐懼、不安全感、被拋棄感，焦慮便在你的大腦中扎下了根。

一般認為主要是神經細胞 5 - 羥色胺、腎上腺素或去甲腎上腺素等濃度降低，藍斑（功能為調節警覺性）的兒茶酚胺水平增高，對二氧化碳敏感性增高，乳酸鹽代

謝障礙，以及 γ-氨基丁酸異常等一系列神經生物學變化。這些變化讓你更容易受到驚嚇，因細小的聲音而煩躁，或因微小的挫折而暴怒，也讓你難以從「戰鬥——逃跑」等應激狀態中脫離出來。同時這些變化也會讓你在正常情況下，無意識地讓杏仁核向大腦皮質傳遞「恐懼」信號，使訊息來不及經過額葉進行理性處理，就讓你被想像出來的危險所造成的強烈恐懼所淹沒，身體會出現一系列神經和腺體反應，導致心跳、呼吸加快，出汗，瞳孔放大，肌肉緊張，消化系統反應變慢，大腦充血等。

疾病或健康問題

除了大腦直接向你發出錯誤信號之外，很多健康問題及與健康相關的生活、飲食習慣也會讓你產生不合時宜的焦慮、恐懼等情緒。

精神科醫生在臨床會診中也常常遇到有生理疾病和不良習慣的患者伴發驚恐症的情況。如果醫生單純治療患者的原發疾病，往往很難控制驚恐症相關症狀；必須在治療原發疾病的同時給予抗抑鬱和抗焦慮治療，患者的驚恐症相關症狀才能得到有效緩解。

同時，在驚恐症伴有各種健康問題時，如果醫生單純抗抑鬱、抗焦慮治療，不考慮治療伴發的生理問題和疾病，也往往事倍功半。

與驚恐症有關的心理問題與疾病包括抑鬱症、場所恐懼、強迫症、失眠、焦慮、恐懼、憂慮、緊張不安，注意範圍專注於危險源及一些煩惱的念頭，物質濫用等。

與驚恐症有關的健康問題或生理疾病包括低血鉀、貧血、冠心病、糖尿病、甲狀腺功能亢進、低血糖、經前綜合症、美尼爾氏綜合症、過敏、感染、庫欣氏症、顳葉癲癇、腦震盪後遺症、低鈣、低鎂、肺氣腫、肺栓塞、充血性心臟衰竭、關節炎、水銀中毒、維他命 B_{12} 缺乏、農藥中毒、手術等。這是因為疾病、手術等重大健康問題都可能會影響腦內神經遞質濃度、神經傳導以及邊緣系統等情緒相關功能或結構，從而誘發驚恐症，影響驚恐症的發展和治療效果。

另外，難以治療的心臟疾病也許與驚恐症有關。高血壓和冠心病與驚恐症的關係密切。在心臟科就診的驚恐症患者一部分是冠心病、高血壓伴發驚恐症；另一部分驚恐症患者卻是因為驚恐症急性發作頻率較高，在發作期間出現血壓升高、心悸等心臟症狀而被誤診為高血壓、冠心病等心臟疾病。

心臟疾病患者除了要做系統的生理檢查之外，還要考慮接受心理評估，及時發現可能存在的心理問題，才能得到更為及時有效的幫助。

注意！！

當身體不舒服的時候，你不僅要想到看「病」，還要想到心理評估，才能保證身心健康。

飲食與藥物因素

不當使用酒精、咖啡、濃茶、煙草等，也有可能對心臟有影響，誘發驚恐症急性發作。此外，雄性激素類的藥物、抗高血壓藥物、抗結核藥異菸肼、抗腫瘤藥長春新鹼、抗精神病藥氟呱啶醇、抗病毒藥阿昔洛韋、擬交感神經藥麻黃鹼和腎上腺素、非甾體抗炎藥吲哚美辛等也可能會引發驚恐症急性發作。

2.3

失衡的心靈世界

對於備受驚恐症困擾的你來說,潛意識中的衝突與焦慮,從父母那裏習得的不安全感,挑剔、寵溺、家庭關係不穩定讓你感到的焦慮,都可能與你的驚恐症急性發作有關。

精神分析理論認為,驚恐症是你的心理防禦機制對不能接受的欲望、情緒、觀念、想法、圖像、記憶以及未認識到的事件的一種快速的錯誤防禦性反應。

榮格派心理學家把這些無法被你接受、深深壓抑在你心靈深處的事物稱為「陰影」。「陰影」包括藏在你內心深處無法言說的傷痛、你無法說出來的想法(那些你認為說出來很傷人或讓自己受傷的想法)、你對自己的否定(由於對自己要求過高)、你對未來不確定性的恐懼、被你壓抑的負面情緒(你擔心失控的怒火、不願面對的恐懼)等(見圖 2-3)。陰影並不會因為我們的否認而消失,反倒會讓你被它們操控和脅迫,失去安全感。

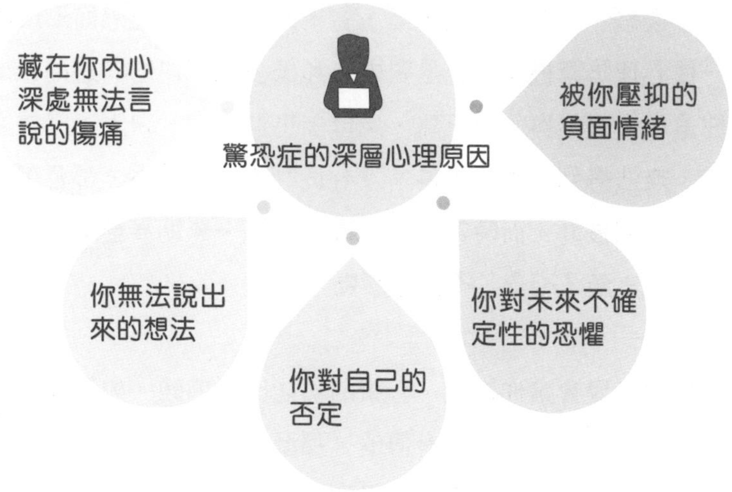

藏在你內心
深處無法言
說的傷痛

驚恐症的深層心理原因

被你壓抑的
負面情緒

你無法說出
來的想法

你對自己的
否定

你對未來不確
定性的恐懼

圖 2-3

潛意識中的衝突與焦慮

自人類成為充滿智慧的高等生物以來，憂患意識讓人類社會
一步步地發展，乃至成就了今日的繁榮。但那些超出自身承
擔能力範圍的思考、需求、計劃、感覺所帶來的憂慮又像詛
咒一樣折磨着我們，悄無聲息地在我們的心底發酵，成為心
理上的膿包。

精神分析理論認為驚恐症是因為患者無法接受自己的某些欲望、憤怒、恐懼、早期創傷、對未知事物的失控感而形成的一種心理防禦機制，也是對內心和過去未解決的問題的象徵性重現。過早與父母分離、父母罹患抑鬱症、缺乏家庭歸屬感、無法得到他人的支持、沒有良好的人際關係，都會讓你無法感到被愛，而時常感到孤獨、沮喪、無助甚至絕望，讓你內心充滿了不安、不悅的感覺。

不安的感覺會讓你血管、心臟的功能出現問題。如果你認為沒有人重視你、活着沒有價值，那麼你的神經系統、內分泌系統也會受到負面影響。如果你總是渴望得到他人過度的照顧，壓抑或無法表達自己的需要和情緒，那麼你的心臟、肺就無法正常發揮作用。

被壓抑的欲望與情緒

張先生在成長的過程中，對自由和創造的欲望都被父親嚴苛的要求所壓制。他內心中的「本我」強烈地渴望有機會滿足自己的欲望，而充當「內在檢查者」的「超我」強烈地拒絕承認這些欲望的存在。這種「本我」和「超我」的衝突導致張先生的自我不能充分發展，他也無法充分表達自己對欲望的渴求、對父親的憤怒、對未來的恐懼等。這些欲望與情緒所造成的傷在張先生的內在世界日積月累，讓心靈的平衡越

來越難以維繫。當張先生因為項目緊迫而強迫自己高強度工作時,「超我」的功能被削弱,被壓抑的欲望被加上了最後一根稻草,焦灼、憤怒、憂慮、恐懼……便以驚恐症急性發作的形式噴薄而出。

對早期關係象徵性的重現

程女士的驚恐症與生育相關。在生命歷程中,她始終無法感受到母女關係中愛的傳遞。當她即將成為母親時,她的潛意識驚懼地發現她還沒有做好成為母親,並把這種愛傳遞出去的準備。事實上,程女士非常愛自己的孩子,孩子也能夠感受到母親的愛,這種愛也許並不完美,但絕非潛意識中感受到的那麼少。程女士所感受到的愛無能,更多的是對自己早期親子關係象徵性的重現。

未解決的現實衝突

張婆婆的驚恐症源於她在家裏失火之後,一直試圖壓抑對子女的憤怒以及對火災的恐懼。在意識層面上,她認為應該原諒子女們在火災後更關心財產損失和孫女的情緒,而沒有注意到張婆婆因臥室被大火熏黑的反應;在潛意識中,那個曾經被母親忽視、被大火嚇壞的小女孩滿腹的委屈、恐懼、憤怒、無助無處訴說。關於「原諒──不原諒」的內在衝突在她的內心翻滾,終成滔天巨浪,席捲了張婆婆的心靈世界。

從父母那裏習得的不安全感

孩子從出生到 2 歲和母親逐漸形成穩定的依戀關係，這是孩子未來與他人建立關係的基礎，是決定孩子一生幸福感的重要因素。

我們不得不說，絕大多數父母都是愛孩子的，你的父母也不例外。只是一些父母表達愛的方式是充滿了矛盾或錯誤的，他們難以讓孩子感受到足夠好的愛。

一個足夠好的母親會在孩子哭泣時安慰孩子，及時回答孩子的問題，經常和孩子說話，給孩子建立規則，也鼓勵孩子在適度規則下自主探索。例如，讓蹣跚學步的幼兒在父母目力所及的地方自由地跑來跑去。父母樂於和孩子一起遊戲，也會在孩子犯錯時適度懲罰。這樣長大的孩子，快樂自信、身心健康、信賴他人，也相信他人會喜歡自己，不擔心離別人太近，不過度擔心被他人傷害，容易與他人親近，既能和他人建立良好的關係，也能在和包括父母、伴侶、孩子在內的親密關係中保持獨立。我們稱之為安全型依戀。

如果在你生命最初的兩年，你的父母因自身的性格、生活壓力、工作繁忙等而有意或無意地忽視你的喜怒哀樂；或者對

你的需求不敏感，在情感上忽視甚至排斥你，讓你不得不努力引起父母注意才能被他們看到；或者總是用不恰當的言語甚至暴力行為懲罰你，讓你誤以為自己不值得被愛，那麼你會對父母充滿了憤怒。如果你無意識地選擇了爆發，有可能在某個誘發因素下和父母發生嚴重衝突；如果你無意識選擇壓抑，則有可能會在某種情況下出現驚恐症、強迫症或生理障礙。

也許你的父母出於對你強烈的愛或本身個性較敏感、膽小、容易焦慮、缺乏安全感等原因，習慣於小心翼翼地應對周圍的人或事。他們為了防止你受到外界的傷害而把你牢牢地包裹在自己的羽翼之下，或者對你提出各種嚴苛的要求。這類父母習慣於不斷地跟你說「小心」、「不要」，諸如「你走路時必須小心看路，否則就會被車撞」、「不要單獨和同學出去，會出事的」。你的內心很可能充滿了各種對自己的矛盾意象：我是好的，還是壞的？我是有能力的，還是無能的？你常比父母更加事事小心，對自己更加嚴苛且沒有信心，對外界負面訊息更加敏感，更容易對外界產生焦慮、恐懼、不安，同時因為對自己嚴格要求而無法從意識層面上承認自己的無能，也無法接納負面情緒，不自覺地把這些問題隱藏在內心最隱秘的山谷中。當你遇到內部或外部壓力時，很容易出現無能為力的感覺。這種感覺不會出現在意識中，而是潛

藏在無意識的深淵，身體可能會用自己的方式將這種感覺表達出來，最常見的方式就是驚恐症或軀體化障礙。

在受到父母情感忽視或過度保護的情況下，你會失去許多鍛鍊自己的機會。受父母的影響，模仿父母的言行，你的安全感會低於正常水平，你會變得易於恐懼、膽小怕事。

當不得不因為去幼兒園或者父母上班而離開父母時，你會感到非常不安。因此，當有機會和父母在一起時，你會非常依賴他們或者總是與他們發生衝突以得到關注。如果父母為你做了很多事情，你還會因為自己做得不夠完美而心懷愧疚。

這樣長大的你也許常常極度擔憂當父母不在身邊時你會受到傷害；也許對父母沒有給你足夠的空間飛翔而憤怒，卻因擔心失去父母的寵愛和保護而習慣壓抑對父母的憤怒，否認或隱藏負面情緒，努力做一個順從聽話的乖孩子；也許無意識中努力地尋找父母與你之間愛的印記，假裝相信父母真的愛你。當無法依賴父母或無法忍受父母的控制時，你也許會無意識地和父母的期望背道而馳，甚至會如火山爆發般宣洩憤怒。

這些內在的感覺和想法常常會導致你無法活在此時此刻，無法表達自己真實的需要、情緒和想法，很難和人交心，容易陷入幻想的美好或臆想的恐怖。

你可能表現出兩種不良的依戀風格：無法信賴他人（包括父母、伴侶、孩子），拒絕和他人親近；或者試圖和他人完全融為一體卻總是擔心被對方拋棄、傷害。我們將前者稱為迴避型依戀，後者稱為焦慮－矛盾型依戀。這些孩子中的一部分會看似很乖、早熟，內心卻隱藏着不安，缺乏自信，也很難信任他人。迴避型依戀的孩子長大後很容易憤怒，矛盾型依戀的孩子長大後則有可能過度控制和依賴伴侶、子女。你可能時常感到孤獨、弱小，似乎周圍充滿了不確定性與危險。任何風吹草動都可能在你的內心掀起巨浪，你的身體也會像受驚的小動物一樣，繃緊肌肉、增加心率和呼吸的頻率。

注意！！

出於對父母的依賴，你並不會意識到或者無法承認對父母的憤恨，這些憤恨在你的內心生根發芽，悄無聲息地傷害你。

張先生的個性受其父影響良多。張爸爸由於曾多次遭受打擊，對他人和外部世界充滿了不信任，總認為不盡善盡美就會有危險。為了保證自己和親人的安全，張爸爸在工作和生活中常因認為一件事做得不夠完美而推倒重來，即使這樣讓他不堪重負。為了讓張先生能有更美好的未來，張爸爸同樣要求張先生的學業和生活臻於完美。當張先生還是小學生的時候，他的作業必須乾乾淨淨，不能出現任何塗改痕跡，否則就要重做；衣櫃中的衣服和書櫃裏的書必須分門別類放得整整齊齊，每件衣服、每本書都有固定的地方，不能隨意挪動。每天晚上，張先生都必須把第二天要穿的衣服按照穿衣順序，整整齊齊地放在床頭櫃上，以便在任何危機情況下都能夠快速把衣服穿好。

在張先生上中學之後，因為住校宿舍，張爸爸無法把這種嚴苛的要求複製到學校，但是張先生心底充滿了對外界的恐懼以及對自己處理問題能力的不信任。在無形中，他給自己的生活、學習和後來的工作增加了很多不必要的負擔。這些負擔所持續帶來的壓力在令他不堪重負的時候都會通過驚恐症的症狀表現出來。

挑剔、寵溺、家庭關係不穩定讓你感到的焦慮

父母挑剔、寵溺、家庭關係不穩定都會讓孩子心生焦慮。

父母過度挑剔、對孩子要求過高也是驚恐症的易患因素之一。如果父母是完美主義人格，那麼孩子就會覺得自己不夠好，缺乏存在的價值。在成年後，孩子就會對自己和周圍的人吹毛求疵，為了取悅他人而無法真實地表達自我，過度依賴他人，尋求所謂安全的場所，或者因為害怕丟臉而感到過度緊張。有的人在遇到應激事件時就會以驚恐症的形式呈現出內心的焦慮。

過度寵溺孩子的父母也會製造罹患驚恐症的孩子。這些父母總因擔心孩子受挫而過度照顧孩子，甚至會「圈養」孩子。這樣的父母會為孩子包辦一切：小到端茶倒水，檢查書包，勞作功課；大到給孩子安排學校，補習班、興趣班。這樣會讓孩子過度依賴父母，壓制孩子自由表達個人情感。在孩子長大後，因無法解決生活中的問題而更容易感到被傷害或產生無能感，並陷入沮喪等消極情緒。當然，也有一些父母在生活上極度寵溺孩子，孩子要甚麼就給他；在情感上忽視孩子，在學業上對孩子要求過度嚴苛。在成年後，這些孩子會

出現情感脆弱，對自己的要求過高，也經常對自己或環境感到失望。驚恐症成為他們易患的心理疾病之一。

家庭關係不僅與驚恐症的發生有關，與驚恐症的嚴重程度和治療效果也有着密切的關係。家庭成員關係不穩定，尤其是父母關係不穩定，會造成孩子內心缺乏安全感。夫妻關係不穩定，伴侶在患者求助的時候不回應，甚至冷嘲熱諷，會讓患者感到無助、不安、焦躁。此外，父母在孩子成年之前去世，或與孩子長時間分離，也會讓孩子內心脆弱，充滿不安；如果父母酗酒、家庭暴力、性虐待、冷漠、情感表達無能、情感表達過度等也會讓孩子的內心傷痕纍纍。

家庭關係不穩定是驚恐症發生和遷延難癒的重要原因之一。與之相反，如果你的夫妻關係、親子關係比較穩定，在治療過程中你能得到伴侶或者父母的支持，你將更易得到內在成長、修通依戀關係，進而讓治療時間更短，治療效果更好。

其他社會心理因素

行為主義理論認為驚恐症是對某些令自己恐懼的環境刺激形成的條件反射。

過去或現在的創傷可能引發驚恐症急性發作。例如，父母、配偶、子女、親密的朋友等至親至交去世，失業、離婚、降職、入獄、重大經濟損失等消極生活事件，地震、戰爭、槍擊等重大社會事件或自然災害所造成的過於巨大的壓力，也會讓你感到生活失控，出現焦慮、緊張、恐懼、不安、煩惱、抑鬱、失眠等症狀。若無法在數周內恢復正常，你可能會產生無助感、失去控制感而成為符合診斷標準的驚恐症患者。

結婚、晉升等積極生活事件也可能引發驚恐症急性發作。這或許是因為害怕失去父母的關照，害怕失去過去的朋友；或許是因為潛意識中的某種情結讓患者認為自己不配擁有美好的婚姻、更好的職位，並且深感內疚，進而在腦海中反覆出現潮湧般與事實相悖的消極想法。

持續壓力也是導致驚恐症的直接因素之一。經濟問題、性生活問題、夫妻關係不好、孩子降生等具有持續性的壓力會使你的杏仁核神經元更容易興奮，讓你易於焦慮、恐懼，誘發驚恐症。

需要注意的是，這些導致驚恐症發生和發展的心理因素並不完全是消極的，它們還很可能是你內在力量的源泉。驚恐症似乎很可怕，但它暗含着你在某些方面做得比別人更好的原因，致病因素中也隱含着治癒因素。例如，你的父母對你的期待不僅意味着壓力，還蘊含着父母對你的認可；父母對你的過度保護中充滿了他們對你深深的愛。在未來你的自我成長歷程中，這些積極的方面都將助你重生。

2.4

那些與驚恐症有關的想法

驚恐症也與你的想法有關。你腦海中存在一種或多種消極、負面、過度誇大或縮小、過度完美主義的想法，可能讓你對自己評價過低，對周圍過於敏感，對周圍的人充滿敵意，感到孤獨無助。

驚恐症的發生和經久難愈常常與錯誤思維模式或信念有關，主要有三類。

第一類 主要是疾病災難化思維。你會無意識地把注意力放在糟糕的事情和感受上，即使是輕微心跳加快，你也會想「這是心臟病發作的前兆，我覺得自己快死了」。在身處醫療不便的偏遠地區或周圍沒有熟人陪伴的情況下，你容易想到「糟了，萬一發病了，我肯定無法得到及時救治」或者「我要是感覺身體不舒服，一定會死的」。即使你已被確診為驚恐症患者，並且不伴發任何生理疾病，你仍然可能立刻採取自以為對健康有利，但實際上加強恐懼的行為 —— 快速深呼吸，測量心率、血壓，撥打 999 電話。

第二類 是對自己和他人過度負面的評價，例如「「我做不好這件事」、「我無法應對複雜情境」、「我的上級是總是找麻煩」、「我的丈夫從來就不為我考慮，只顧他自己」、「我的女兒甚麼都做不好」。「我做的這些事情都沒有得到別人認可，我真沒用」的負面評價也會讓你產生深深的無價值感和無意義感。

第三類 是過度完美主義的思維模式。你常常會過度期望自己事事完美無缺，如果事情不盡如人意，你有可能會感到「失控」，並因此而焦慮。這些錯誤信念產生的自我對話就像一種催眠語言，讓你覺得自己在面對驚恐症時無能為力，從而將生命寄希望於醫生，將生活寄希望於他人的積極反饋，把未來寄託於他人的認可。這些自我對話會讓你如置身於恐怖的空間中，似乎一切不可控，你總覺得自己身上揣着一個不知甚麼時候會爆炸的炸彈（見圖 2-4）。

圖 2-4

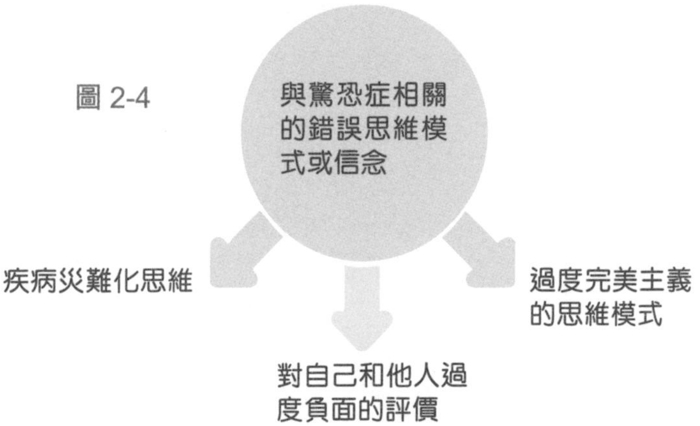

與驚恐症相關的錯誤思維模式或信念

疾病災難化思維

過度完美主義的思維模式

對自己和他人過度負面的評價

焦慮來自你對自己的長期負面「催眠」

驚恐症之所以選擇了你,與你對自我、身體感覺歪曲的解釋有關。作為一名資深的心理治療師,我始終深信催眠無處不在,驚恐症很可能是你對自己長期負面催眠的結果,也可能是過於積極的自我催眠破碎的結果。也許那些關於你自己的負面訊息常常會在你腦海中反覆迴響,讓你誤以為自己有以下某一個或多個問題:

你認為自己弱小無依,懦弱、愚笨、社交困難,需要依賴於父母、伴侶、孩子或者其他親密的關係;你的人際關係中充滿了衝突,你的父母、伴侶、孩子都不理解、關心、支持你;你的大多數同事都令你感到糟心,還經常有同事給你使絆子、下套子;鄰居都很冷漠,背後說你的壞話;或者你的父母過於控制你;你的伴侶、孩子忽視你;你的上司喜歡打壓你;父母、伴侶、上司對你總是提出苛刻的要求;你孤獨無助、惶惑不安……

或者你認為自己特別完美、強大、聰明、開朗、非常善於與人溝通;你的成長環境過於安逸,使你認為自己的生命中只有陽光沒有陰影,從沒有想過自己會遭遇挫折;你的家人總是向你豎起大拇指,幾乎沒有批評過你;你認為自己非常

好，所有的人都喜歡你；你非常努力，認為自己一定會獲得成功；你認為周圍的人都很友善，不會有人給你帶來任何傷害……

或者你認為自己弱不禁風，必須好好照顧自己才能避免自己被疾病擊倒……

如果這些關於自我、他人、環境的想法反覆出現，那麼你就像被自己催眠一樣，越來越相信這些想法。如果想法過於積極，那麼當你受挫的時候，你很容易完全否定自己；如果你的想法本來就是過於消極的，那麼當你受挫的時候，你很容易被挫折擊倒。不論是自我否定，還是被擊倒，你都有可能對外部世界、未來和他人充滿了恐懼與不安。也可能因為你過去的優秀，你無法接納自己的不完美；或者因為你對周圍人和環境的不信任而無法向他人呈現你的問題，你都會把這些恐懼不安，深深封印到內心最深的地方。然而，我們內心的封印並沒有我們想像的那麼有用，多數情況下時間帶給你的不是負面情緒的消散，而是用身體症狀的形式更強烈的表達。

焦先生就是從充滿自信的陽光男孩到每天給自己「負面催眠」的典型例子。他從小一切順遂，習慣於生活積極、陽光，工作主動，有很多朋友。他對自己的定義就是健康、有活力，很有上進心。學習、工作一切順利，他與家人、老師、同學的關係都非常融洽，周圍人對他的評價都很好。

然而在工作之後，焦先生突然發現自己無法再做到事事完美，工作中總有些同事做得比自己更好。他的自信逐漸在工作中被消磨，腦海中充斥着「我會做錯」、「我會被指責」、「我無法完成工作」等自我否定的聲音，他逐漸變得自卑。

「我必須」：來自你內心的壓迫

在你的內心深處同樣也藏着類似的記憶，有溫馨、快樂、美好，也有被你無意識隱藏在最深處的痛苦、不安、憂傷、憤怒、自責、無助。

注意！！

「必須」的思維模式常常會讓你因無法達成目標而沮喪、憂慮，甚至恐懼。

與驚恐症相關的秘密記憶主要是你對自己的苛刻要求:「我應該」、「我恐怕」、「我擔心」。你很可能因為擔憂、恐懼早已將這些苛刻的自我要求深深的隱藏到內心深處。這些負面情緒,被你無意識地隱藏在心靈深處的山洞中。當遇到障礙的時候它們會衝出來傷害你。然而,你因為被蒙蔽而無法及時有效應對,就像面對一個看不見的敵人一樣無措。

於是你總是不自覺地出現諸如「我必須完美無缺」、「我必須讓每一個人喜歡我」、「我必須成為最傑出的員工」、「我必須成為父母最喜歡的孩子」、「我擔心我的作品不能得獎」等想法。

這樣的你無法容忍自己生活、工作中的任何瑕疵。你會因此而感到自己遭遇無法承受的巨大壓力,不得不使用拖延、逃避的方法應對壓力。然而壓力如影隨形,步步緊逼,當你到避無可避的時候,你的身體就會發出刺耳的警報:驚恐症。

對周圍保持高度的警覺

在成長的歷程中,也許你和其他驚恐症患者一樣經常被父母批判、苛求,耳邊充斥着「你怎麼這麼笨?甚麼都做不好」、「考不到前三名就不要回家了」、「你看看別人的孩子」之類

的話；也許你經常被父母或者其他重要的人（老師、哥哥姐姐等）威脅，「我說不行就不行」、「我再也不管你了」、「你要是不聽話，我明天就不帶你去」；甚至你有可能遭受侮辱、諷刺、貶低、挖苦，「我怎麼生出你這樣的孩子？」、「你看看你，不如 2 歲的小孩」。

如果從嬰兒到成年的過程中，你和父母的關係中長期存在以上問題，你就很難學會表達自己的情緒，即使你表達了自己的情緒，你的父母也很難給予你情感支持。久而久之，你習慣於壓抑自己的情緒。同時，這些負面的語言也像一種惡意的催眠，不斷地在你的心靈深處刻出一道道傷痕，阻礙你用合理的方式表達自己的憤怒和攻擊性。你還會始終對他人的態度保持過度警覺，一旦他人有任何讓你感到被批評和指責的言語、行為，你的身心馬上就會處於高度緊張的狀態。

如果你曾經經歷嚴重、特殊或持續的負面事件，並讓你產生強烈情緒或深刻印象，那麼你就會在不知不覺中形成並固化緊張的想法、感受、情感和身體反應。你的身體在當時極度緊繃，是為了讓你能夠在面臨危險時快速反應。事過境遷，這些感受逐漸演變為你的心結，反覆出現，傷害你的身心。

程女士耳邊總是迴響着母親的聲音：「你必須要努力，不然就會被其他人遠遠地甩在身後。」讓她覺得自己一直在他人的背後拼命追趕，即使筋疲力盡，卻連看到前面那個人的背影都不可能。她不敢想像讓母親失望的樣子，只能把與之相關的恐懼、憤怒、焦慮、沮喪、失望深深地壓抑到內心深處。她試圖拼盡全力向上、向上……結果事與願違。一次次的失望讓她習慣於對未來不抱希望，卻習慣性地繼續拼搏。在諮詢的初期，我一方面經常聽她說「我這輩子就這樣了，好不了」，另一方面還會聽她說自己如何擔心工作做得不夠好，而惴惴不安地加班加點。連夜深人靜時，程女士都無法放鬆，經常由於身體提醒她保持「戰鬥」狀態而在夢中驚醒。

我無法做自己：強烈需要他人的認可

也許你是完美主義和脆弱的矛盾體，很渴望他人的肯定，很害怕他人的否定。

一方面你是驕傲的，期待自己非常強大，有超越同學、親屬、同事的能力和受人尊敬的生活；另一方面你又很脆弱，所有的自信都建立在家人、朋友、上司給予的認可上。

也許你在長大過程中處於全家的物質、日常生活全然的照顧之中，是家庭的中心；或者因為家庭矛盾導致你被家人完全忽視；或者因為父母無法與你建立愛的溝通而讓你成了精神的孤獨者。其中某個或多個原因導致你內心的一部分留在童年，讓你就像小孩一樣脆弱。當自己的生活不能盡如人意或者被家人、朋友、上司否定的時候你就會感到巨大的壓力，即使你只是在生活中遭遇到了一點小小的挫折甚至只是沒有自己想像的那麼好。

另外，也許你的完美主義和脆弱來源於不能做自己。很多「80後」，更多的是「90後」和「00後」，從嬰兒時期就得到了父母、爺爺嫲嫲、外公外婆三重保護和照顧，同時也受到了三重壓力和束縛。在兩代人的照顧和期盼下，你被動地走上了他們所認為的最適合你的人生道路，讓你很難有機會自主選擇學校、專業、愛好或生活方式，讓你失去了飛翔的翅膀和自我保護的能力。隨着年齡的增長，你越來越容易陷入無能、無力和過度期盼的內心衝突。

要做母親的乖孩子

一些驚恐症患者的內心還藏着這樣一個想法：我必須做乖孩子。

每個人在還是一個小寶寶的時候有這樣的想法是正常的，因為那時我們需要父母的保護才能生存。多數人隨着年齡增長，從父母等人及環境中獲得了足夠的內心力量，能夠獨立做出決定，會逐漸成為一個成熟、完整、獨特的人，內心強大，充滿了勇氣。他們和父母的關係具有彈性，他們願意傾聽和借鑑父母的意見，同時也有自己的主張；即使遇到一些挫折也能獨自應對，並能夠承擔個人決定所帶來的好或壞的、令人欣喜或令人不悅的結果。

如果你是內心藏着「做乖孩子」潛意識的驚恐症患者，這就意味着你在成長中沒有獲得足夠的力量，不得不一直依賴父母。因為依賴，你無法自主決定，只能順從、聽命於父母，做父母的乖孩子，以獲得父母的保護、安撫、照顧。同時，長大成人的你並不能完全接受聽命於父母的現狀，你會在意識層面努力成為父母期望的樣子，而在潛意識中卻充滿了父母不能為自己提供保護的憤怒和自己不得不獨自面對生活艱辛的恐懼。

有時，你的這種依賴 —— 憤怒的情緒還會擴展到其他人際關係中，你強烈地期待身邊的人（尤其是你的伴侶、孩子）按照你心目中的「腳本」和你交往。如果願望不能達成，你就有可能通過症狀控制對方：「你必須馬上過來照顧我」。其

根本原因只是你擔心因自己不夠「乖」而失去親近之人的關照，並對他們沒有按照你的意願照顧你而充滿了憤怒、不安和恐懼。如果你意識到這些，驚恐症就不會擊垮你；如果你無法意識到這些，你的身體就會用心悸、呼吸不暢、手腳發麻等症狀向周圍的人求助，讓你獲得控制感。

對死亡強烈的恐懼

每個人都有兩種本能，生本能和死本能。驚恐症患者的生本能格外強烈。任何身體不適，都會讓驚恐症患者產生災難化的想法。「如果我心臟不舒服，不馬上看醫生，我就會死掉」、「我就要死了，我的孩子會成為無依無靠的孤兒」、「我感到心臟不舒服，是不是得了冠心病」……這時驚恐症患者需要他人（尤其是醫生和最親密的人，通常是父母、伴侶和子女中的一個）的反覆保證，才能稍微安心一些。

當驚恐症急性發作時，患者不能及時得到醫生或心理醫生的幫助，或者缺少家人、朋友的支持，這些災難化的想法就會被強化，揮之不去。如果患者能夠得到及時有效的支持，這些災難化的想法就會減少，甚至消失。

我被嚇壞了：想出來的災難

有時你遭遇驚恐症，是因為不久前的一次或多次令你恐懼的事件刺激了你內心深處脆弱的部分。也就是說，在驚恐症發病前數月或數周，你遇到了一個或多個壓力性事件：換了一份壓力過大的工作，離婚，遭遇地震、海嘯、火災等嚴重自然或人為的創傷事件，結婚或即將結婚，升職或即將升職，孩子即將降生或剛剛降生，重要的親人或朋友突然離世，婚姻出現了第三者，經濟狀況出了重大問題，經歷了大的手術或多次手術，因身體出現某些與嚴重疾病有關的症狀而極度擔心自己的健康會出問題……這些都有可能讓你長期處於超過承受能力的壓力之下，從而誘發驚恐症急性發作。

28 歲的梅女士在驚恐症急性發作之前，在家人、同學、同事心目中，她都是被仰望的對象。對她的男朋友來說，她也是一個善解人意的人。

在被驚恐症找上門之前，不論是梅女士還是她周圍的人都從未想到她會有心理疾病。天有不測風雲，在不到兩年的時間裏，梅女士 42 歲的叔叔因冠心病不幸去世；32 歲的男朋友在酒桌上因胃部大出血，進了 ICU；梅媽媽肺炎住院，治療時出現嚴重過敏反應而命懸一線；一名 27 歲的同事突發心

肌梗塞而被緊急送醫。

周圍人接二連三地出現健康問題，導致梅女士頻繁搜索健康相關訊息。網絡上的文章危言聳聽，讓梅女士觸目驚心，她完全被嚇壞了。漸漸地，梅女士的搜索目的就從為親友尋找健康指南變成了為自己搜索健康訊息。「我會不會得不治之症」、「我今天有點心慌，是不是心臟病」之類的想法也時不時地造訪她。終於有一天，梅女士與驚恐症不期而遇。

注意！！

一些不被你注意的想法也許會在你不經意間傷害你，讓你身心受創，進而導致驚恐發作。

91

戰勝恐慌

2.5

與驚恐症有關的生活方式

你的睡眠習慣、運動習慣、飲食習慣等生活方式都與驚恐症的發生、症狀輕重、病程長短、治療效果相關。

A 型行為模式使你懼怕錯誤和失敗

快節奏、競爭性的行為傾向，恨不得每天工作 25 小時，心理學家將這類行為特點稱為「A 型行為模式」。具有這種行為模式的人對自己期望過高，「只許成功，不許失敗」；因此每天都處於對無法完成計劃的擔憂中，甚至如條件反射一樣對某些環境刺激過度敏感。久而久之，蓄積的壓力便會引發驚恐症。在驚恐症急性發作後，他們往往會迴避引起自己不安、恐懼的情景，導致驚恐症遷延難愈。

張先生在發病前是一個將個人時間填得滿滿的「工作狂」，對自己的要求遠遠超過了他能承受的範圍。這種過高要求導致他患上驚恐症。在患病之後，他一直避免獨處。在數年時間裏，只要是在一個人待着的時候，他就會馬上陷入極度恐慌。即使大大減少了工作量，他也無法減輕自己的焦慮和恐懼。

生活習慣不良

習慣於晚睡晚起，睡前長時間看手機、電腦，運動不足或過度，飲食不規律，不吃早餐，吃得太多或太少，生活過度緊張，以上這些都可能與其他易感因素共同作用於你的內心世界，從而使你患上驚恐症。

患者常常有這樣一些不良生活習慣：有時暴飲暴食，有時又拼命節食；時而鍛煉成癖，時而完全不運動；性生活有時一夜多次有時半年一次；只要有時間就在玩電話、遊戲、看小説；沒有社交或社交活動過度；經常加班，缺少個人生活……

對驚恐症易感人群來説，失眠、夢魘、夢遊等睡眠問題都與驚恐症有關。在同樣條件下，晚睡晚起的患者會比每天晚上 11 點前入睡且早上 7 點前起床的患者驚恐症急性發作得更頻繁。

如果你每天在晚上 11 點後入睡，甚至直到凌晨 2、3 點才入睡，或者你的睡眠質量不佳，經常出現夢魘、夢遊、夢中驚醒，睡眠不良的情況持續 3 個月以上，即使你每天睡眠的時間超過了 8 小時，身心健康也會明顯受損。你會因此出現肌

肉酸痛、免疫力下降、疲倦乏力、抑鬱、注意力不集中、心理抗壓能力下降、工作效率下降，以及胰島素抗性增強，血管彈性降低、內臟神經功能紊亂等一系列問題。對年輕人來說，最為直接的影響就是更容易焦慮、恐懼。

程女士在生活上隨心所欲，特別喜歡躺在床上邊吃東西邊在電話上看小說。她的睡眠毫無規律，她有時晚上 9 點多就睡了，有時卻在凌晨 2、3 點還不睡。尤其是在孩子放假去跟外婆住時，她甚至會通宵達旦地看小說，第二天睡到太陽西斜。加上平時鮮有運動，吃零食多過正餐，因此程女士身體的各項機能都存在問題。生活習慣不良是程女士患上驚恐症的重要原因之一。

運動缺乏或運動過度

有的人是運動達人，每天堅持幾十分鐘到數小時的長跑、健身、舞蹈。大汗淋漓之後的暢快讓他們樂此不疲。

有的人則從不運動，更喜歡窩在梳發裏或床上，漫無目的地看短片和網絡小說，或流連於各大購物網站，或玩遊戲，或社交媒體……他們讓虛擬世界佔據自己大部分生活，恨不得把電話變成身體的一部分。在不知不覺中，他們忘了工作，

忘了家人，甚至忘了自己。

運動達人們擁有了六塊甚至八塊腹肌，從不運動的人們享受
着現代科技帶來的快樂。前者健康，後者快樂，他們似乎都
應該遠離疾病、健康幸福。然而，過度運動不僅會損害骨
骼、關節、肌肉，還會增加心臟的負擔，導致心肌缺血、心
臟損傷。在過度運動後，肌肉中大量的乳酸堆積會給腎臟造
成負擔，嚴重的還會造成腎臟損傷。心臟、腎臟的損害都可
能引發驚恐症。

長期不運動同樣會造成心臟等器官的損傷。運動不足會造成
血管中血容量減少，氣血運行不暢，使人心慌、胸悶、心
悸，心肺功能減弱；身體對外界溫度過於敏感，怕冷怕熱；
腰酸背痛、頭痛、頭暈、乏力；胃腸道肌肉運動減慢，造成
腹脹、便秘、消化不良、反酸、胃灼熱等胃腸道症狀；免疫
力下降、體內鈣質流失、手腳僵化；情緒波動、記憶力減
退……更何況很多人因看電話而誤了吃飯、誤了睡覺，甚至
誤了生活，導致工作效率下降、夫妻衝突等諸多問題。

乏味的生活

一部分驚恐症患者的問題源於乏味的生活。他們常常缺乏人

際交往能力、溝通能力，或缺乏有價值的社交，或過着日復
一日、機械重複的生活。

缺少樂趣的生活會讓你腦內多巴胺、5- 羥色胺等分泌減少。
在我接觸的驚恐症患者中，多數除了上班、吃飯、做家務、
睡覺，偶爾瀏覽網頁或朋友圈，生活中幾乎沒有其他活動。
即使心理治療師刻意引導他們尋找生活的樂趣，他們往往也
興趣寥寥。

缺乏社交活動，會讓你與他人的溝通能力降低，容易對他人
言行反應過度，產生恐懼自卑、害羞的心理；還有一些所謂
的社交達人有很多朋友，在一起除了吃喝、吹水，就是購
物，和朋友在一起的時候，他們似乎非常開心，一旦回到家
裏，他們的心裏除了空虛感，甚麼也不剩。這些都是各種情
緒問題的溫床。

飲食習慣

鈣、鎂、維生素 B 等營養元素缺乏與驚恐症有關。

一些患者食不厭精，膾不厭細：麵要最白，米要最精，小米
不要，麥仁不要，青菜苦，豆製品腥，喝牛奶肚痛⋯⋯挑食

的結果就是身體中各種營養素缺乏。缺乏營養素不僅會導致身體生病，也會讓心理狀態出問題。

除了營養素缺乏，某些飲食也可能讓你心臟不適，讓你的神經系統產生一系列「誤操作」，引起更頻繁的驚恐症急性發作。其中最為常見的是含有咖啡因的飲料和食物，如咖啡、濃茶、熱可可、朱古力、奶茶、可樂、能量飲品等，雪糕、冷飲等，含有酒精的食物和飲品等。所以，如果你在食用這類食物或者飲用這類飲料後出現過心慌，那麼再次食用或飲用時一定要注意適度，甚至避免飲用或食用。

注意！！

擁有良好的生活習慣、有趣的生活、均衡的飲食，遠離咖啡因和酒精，驚恐症才會遠離你。

PART 2

擁抱希望

從驚恐症的巨浪中脫險

第三章 | **做出你的選擇，**
為自助做準備

相信驚恐症是可治的，
敞開心扉並擁抱獨特的自我，
評估驚恐症問題來源，
為驚恐症自助做好準備。

3.1

相信驚恐症是可治的

你像其他患者一樣，非常討厭驚恐症。有驚恐症的度日如年。你每天都期望它突然消失，再也不會出現在你的身上；或者有醫生能給你靈丹妙藥，讓你在 1 個月之內與驚恐症説「永不再見」。

現實卻是你對這種心理疾病無能為力，驚恐症就像一個「冤鬼」，總在你的身邊轉來轉去。有時你誤以為它已經被趕走了，卻總會在不經意之間發現它還在轉角處。你會想：「天哪，它怎麼還在那裏？它為甚麼還在那裏？」在被它糾纏的日日夜夜，你常常會問自己或醫生「我是不是康復不了」或者「我已經治療這麼久，怎麼還不好」。

這就是驚恐症的特點，你拒絕它，把它看作你的敵人，它就會黏着你不放。因為你拒絕的不是外來的病毒、刀劍、槍炮、壞人，而是你內心的傷痛、情緒、想法。你愈是拒絕它，它就愈會把根深深地扎到你的心中，以你的拒絕心理為養料。

所以，要治癒驚恐症，你就要先停下來，對自己說：「這是一種可治的心理疾病。我知道我可以靠眼前學到的知識改變自己的想法，重新構建內心世界、人際關係，調整生活方式，運用自我撫慰等方法讓自己獲得成長，讓自己不再需要驚恐症這一不合身的鎧甲。

如果對「我患上了一種心理疾病」這個事實半信半疑，你可以重新閱讀本書的第一部分，花一點時間和驚恐症對話，直到你對驚恐症有更多了解，再進入接下來的自我療癒。如果還沒有做好卸下鎧甲、擺脫驚恐症的準備，你需要明白，不論是自助還是專業的心理治療，都不是讓你從一開始就脫掉鎧甲、赤膊上陣的，而是讓你以自己的節奏逐漸打開心靈世界之門。

如果你相信驚恐症是一種心理疾病，卻被「我病得太重了，沒法治好」、「在過去的幾年裏，我找過很多醫生或心理治療卻效果寥寥」、「我的原生家庭和現實中的問題是無解的，我的病也是無解的」等像巫師咒語一樣的負面自我對話拉入泥潭，那麼你可以再次閱讀本書的前半部分，從多個方面更充分地了解驚恐症。你過去所經歷的治療之所以沒有效果，是因為驚恐症是一種由多重因素導致的心理疾病，而你過去的心理自助或治療缺少了生理、心理、社會、文化，以及自然

和生活環境因素中的某一重要環節（見圖 3-1），導致你無功而返。如果你學會了一種系統的、整體的心理自助方法，治癒驚恐症對你來說就不再是一個難題。

圖 3-1

至於説孩子吵鬧、丈夫不關心、妻子總是提出過高要求、父母需要照顧、公司事情多，讓你沒有時間做訓練或心理治療，其實這些本來就是需要在自助或心理治療中解決的與驚恐症相關的心理、社會問題。你還可以通過改善自己的溝通及行為模式來改善自己的人際關係，從而獲得他人的理解、支持。你改變了，你的世界也會發生改變，驚恐症相關的所有問題都有可能得到解決。

停下來，想一想，你是否還對驚恐症的自助治療有疑慮。如果有，請寫在下面。

1）＿＿＿＿＿＿＿＿＿＿＿＿＿＿＿＿＿＿＿＿＿＿

2）＿＿＿＿＿＿＿＿＿＿＿＿＿＿＿＿＿＿＿＿＿＿

3）＿＿＿＿＿＿＿＿＿＿＿＿＿＿＿＿＿＿＿＿＿＿

4）＿＿＿＿＿＿＿＿＿＿＿＿＿＿＿＿＿＿＿＿＿＿

如果你曾經嘗試對你的疑慮做出新的解釋或者尋找解決方法，也請寫在下面。

1）＿＿＿＿＿＿＿＿＿＿＿＿＿＿＿＿＿＿＿＿＿＿

2）＿＿＿＿＿＿＿＿＿＿＿＿＿＿＿＿＿＿＿＿＿＿

3）＿＿＿＿＿＿＿＿＿＿＿＿＿＿＿＿＿＿＿＿＿＿

4）＿＿＿＿＿＿＿＿＿＿＿＿＿＿＿＿＿＿＿＿＿＿

我相信你可以消除這些疑慮，可以開始接下來的驚恐症療癒之旅。因為你相信自己潛意識中聚集了強大的治癒能量，這種能量會幫助你走出驚恐症的陰影。

注意！！

相信驚恐症是一種可以治癒的心理疾病，讓自己充滿自愈的能量。

3.2

敞開心扉並擁抱獨特的自我

在驚恐症自助中，最重要的是心理自助。心理自助的第一步
是敞開心扉並擁抱獨特的自我：打開心靈之門，無條件接納
自己所有的特質，不論這種特質是正面還是負面的，你喜歡
還是不喜歡的。

認識你自己

「我是誰」是由古希臘思想家、哲學家柏拉圖最先提出的西
方哲學三大終極問題之一，也是心理學要解決的重要問題之
一。「我是誰」所關注的並不是名字、職業、身份等外在的
標誌，而是人格特質、個人價值觀念、天賦。這一問題會讓
你思考：你在自己心目中是甚麼樣的人，你期待自己成為甚
麼樣的人，你內在的需要，以及在你內心最深處期望自己以
甚麼方式一步步成為想成為的人……

這對為驚恐症所困的你來說是一個難題，看到這個問題，你
可能會茫然無措，因為你的腦海已經充滿了「我必須是最
好、最受歡迎、最優秀的或最令人滿意」的想法。

「必須」、「最」的思維模式讓你陷入焦灼不安，因為世界上並不存在所有方面都出類拔萃的人，再出色的人也有自己的劣勢：商業巨擘的長相也許很普通，明星的人品也許有瑕疵，數學天才的情商也許不高……你也有一些自己無法接受的特質，所以你經常為此自我否定、自我懷疑，並且擔心被傷害、被拋棄、被嘲笑、被看不起，或者擔心自己的未來的事業、家庭關係因為這些不夠「好」的特質而崩塌。這些不由自主出現的想法使你遠離「真我」，讓你內心充滿恐懼。

你需要知道，真正最好的「我」並非完美無瑕，而是有着這樣心態和能力的「我」：接納自己獨有的魅力，相信自己具有與眾不同的價值，有能力一步步地將自己好的一面做得更好，也能在受人指責和嘲笑時盡快恢復，並從他人的負面反饋中挖掘出你所需要的能量，獲得成長。也許，你會說：「好一碗『雞湯』。我在各種媒體上已經看得太多了，這些對我根本沒有用。」是的，只知道這些話是沒有用的。只有你了解獨特的自我，接納並擁抱自己的全部，讓自己成為完整、獨特的「我」，這些話才能體現出價值。

發現獨特的自我

驚恐症患者的焦慮、恐懼很大程度上來自他們無意識地把自己所不接受的那部分「我」隱藏起來，避免自己成為「我所不願意成為的那種人」，時間長了，連自己都忘了完整的「我」是甚麼樣子的，更加恐懼他人看到自己的不完美，害怕看到自己工作中的失誤，生活和人際關係中的無知，內心深處隱藏的諸如怯懦、憂慮、自私、自大等性格缺陷。

所以，要遠離驚恐症，你就必須直面陰影，發現獨特的自我。這樣你才能自我接納，相信自己和他人的價值，願意體驗生活中的起與落，擁有選擇的自由以及光明與陰影融為一體的完整感。不要急着說「我已經習慣於要求自己盡善盡美」。下文將幫助你學會接納真實的「我」和「我的生活」。

接納自己的長相、體型、性格，理解自己眼下的困難、痛苦、煩惱，拋棄自我批判、自責、內疚，不必得到他人認可也能真誠地讚美自己，滿足自己真實的需要，讓自己更有耐心、更放鬆，溫和地對待自己和他人。

接納你的父母、伴侶、孩子、朋友、同事、上司的習慣、愛好以及在法律允許範圍內的其他任何行為。明白在親密關係

和自我關係中沒有絕對的對錯，接納自己和他人的一切，敞開你的心扉，讓你和他人的關係從地獄回到人間。

接納真實的生活，嘗試放下內疚，寬容對待自己。你可以試着對自己説：「我的確無法改變已經發生的事情，不過我可以從現在開始做得更好。他人言行不能傷害我，還有可能給我帶來智慧和力量。」放棄過去非黑即白的評價模式，心中的束縛和隔閡便會消失，內心世界的大門就會敞開，自尊、愛、光明便會湧來。

注意！！

平靜地接納自己、他人的積極面和消極面，你將會愛上獨一無二的「我」。

3.3
評估驚恐症問題來源

親愛的讀者現在你已經了解了甚麼是驚恐症，以及驚恐症的主要症狀，接下來我將幫助你學習如何初步了解自己所面臨的驚恐從何而來。

與遺傳相關

如果你的近親中有焦慮症、恐懼症、強迫症等焦慮相關的心理疾病，或者他們有人性格敏感，總是習慣於對大小事情憂心忡忡，那麼你的驚恐症也許與遺傳及家庭影響有關。

與原生家庭有關

如果你認為你的父母總是過度擔憂或者關注周圍發生的負面事件，或者你在童年無法自由表達自己的情感，那麼你的問題很可能與原生家庭的養育模式有密切關係。你的父母總是過度擔憂會讓你充滿負面想法，忽視身邊令你快樂、愉悅的積極事件；也讓你感到沮喪，憤怒卻無法表達自己的情感，習慣於壓抑自己的情緒；還讓你過度依賴他人或者逃避問題。

如果在你的成長經歷中，你的父母過度寵溺你，他們習慣於無條件地滿足你的任何合理或不合理的需求；或者經常責罵、懲罰你，使用羞辱性的語言傷害你；或者習慣於把任何壞事歸咎於你；或者情感上忽視、拒絕、排斥你；或者他們總是對你吹毛求疵，指責你的大部分言行、外在形象；或者你被父母無休止的爭吵所困擾；或者你的父母中的一方或雙方有酗酒等物質成癮行為，那麼你的症狀則更多來自潛意識中隱藏的原生家庭帶給你的痛。

因為在不知不覺中，過度的寵溺讓你形成被動、迴避、神經質、依賴的特質；忽視、苛責、拒絕讓你情緒不穩定、壓抑，習慣於向內或向外攻擊。前者容易讓你在遇到挑戰時習慣於逃避、依賴和感到無能，使你更容易被壓力擊垮而與驚恐相遇，這也是驚恐症拖延不癒的原因；後者讓你在遇到問題時常常出現退縮、自卑、羞愧、受傷等心理，讓你感到憤怒、不安、焦慮，同樣容易讓你與驚恐不期而遇。在接下來的自助中你要針對不同因素，重構你的原生家庭敘事。

與你的健康狀況有關

如果你目前有貧血、糖尿病、冠心病、高血壓等生理問題或疾病；習慣於不吃早餐、依賴外賣、無肉不歡；平均每日酒精攝取量，男性超過 25g，女性超過 15g；經常因減肥而過

度節食和過度運動；日常飲食含過量咖啡因；睡眠質量不佳，經常早醒、入睡困難、噩夢連連、夢遊；極少運動……那麼你需要考慮你的驚恐症與健康狀況有密切關係，需要考慮身心同治。

與你的現實壓力和問題有關

在最近 2 年內，如果你曾經歷失業、離婚、升職等讓自己感到有壓力的重大生活變化、社會或自然事件；你和伴侶、子女、父母、兄弟姊妹、上司、同事、下屬、鄰居有衝突或法律糾紛；你失去了重要的親人、朋友……那麼你的驚恐症急性發作很可能與這些問題都有關。在自助或治療中，你要充分考慮以上問題，盡可能與你的家人、朋友充分溝通，一起應對生活中的煩惱、衝突和問題。

與心理和潛意識有關

在你的家庭環境、成長經歷中，你也許曾經歷以下創傷。

① 在出生時不順利，或遇母親難產。

② 在你 0~18 歲時，母親患有抑鬱等心理疾病；父母不是你的主要撫養人，或者你的撫養人不固定，或者你與母親長時間分離；你的父母關係嚴重不良或離婚；父母等近親去世或者你曾經長期遭受校園欺凌。

③ 在過去 3 年內或未成年之前，你經常遭受家庭暴力。

④ 意外致殘；曾遇嚴重自然災害、戰爭等嚴重創傷事件。

這些你曾經歷過的痛苦、創傷在你的潛意識中留下了一道道傷痕。喚起自己對生命早期的創傷事件等與身心健康有關的記憶，對你找到治癒之路有着重要的意義。

從以上自我評估中，你發現自己的驚恐症與哪些因素有關：

1）＿＿＿＿＿＿＿＿＿＿＿＿＿＿＿＿＿＿＿＿＿＿＿

2）＿＿＿＿＿＿＿＿＿＿＿＿＿＿＿＿＿＿＿＿＿＿＿

3）＿＿＿＿＿＿＿＿＿＿＿＿＿＿＿＿＿＿＿＿＿＿＿

4）＿＿＿＿＿＿＿＿＿＿＿＿＿＿＿＿＿＿＿＿＿＿＿

5）＿＿＿＿＿＿＿＿＿＿＿＿＿＿＿＿＿＿＿＿＿＿＿

需要注意的是，幾乎所有驚恐症患者的發病都是由多種因素造成的。了解自己的發病原因，你才能有針對性地進行自助，你可以從後面的內容中選擇有效的應對方法。

如果對自己的評估有疑慮，你也可以請專業心理治療師或心理醫生進行更為專業的評估，這樣做也有利於你的心理自助。

第四章 「我」的新生

通過呼吸冥想、自我對話、行為訓練、
自我放鬆訓練等方法探索真實的自我、
改善有問題的自我對話、
管理情緒，承認並接納陰影，
學習各種遠離焦慮、
不安的方法和技巧。
盡可能獲取親朋好友的支持和幫助，
以便更好地通過心理自助解決驚恐症。

4.1

發現真「我」

自畫像

你已經做好了敞開心扉並擁抱真我的準備，初步探索了「我是誰」，對自己有了初步的了解，你可以嘗試在下面寫下你的性格特質，語言模式，行為模式，思維模式，內心的恐懼、喜悅、痛苦、憂傷、驕傲……

你也可以畫出心目中的「我」，這個「我」並不是現實中你的形象，而是用自然或生活場景元素來呈現自己。

程女士用一幅畫給出了自己「我是誰」的答案：一隻努力高飛的天鵝。

當畫出這幅畫時，她第一次意識到原來自己的恐懼來自內心深處與天鵝一樣的驕傲。這種驕傲使工作勤懇且努力的她，沒有如願在工作中不斷成長，卻因自我要求過高和對某些問

題過度執着而在工作中承受着巨大的心理負擔；她幻想有天鵝舞般唯美浪漫的愛情，卻沒有想到日常生活逐漸消磨了愛的激情，婆媳矛盾導致的夫妻衝突更讓自己傷痕累累、疲憊不堪。

如果你無法寫出，也無法畫出「我」的樣子，或者你無法確定你寫下來的「我」就是真實的你，那麼你可以嘗試專注於呼吸，和自己的潛意識連結在一起，讓你遠離自我批判，發現並接納被你深深埋藏的真實的自我。

自我探索的過程

這是一個過程，你一定不要着急。

在一個安靜、溫度適中、光線明暗適度、令你熟悉的地方微閉雙眼，先做 3 分鐘深而緩慢的腹式呼吸，讓自己盡可能地放鬆，不帶評價地傾聽你周圍的聲音。

讓自己進入空明的狀態。

在這種狀態裏停留 5 分鐘，靜靜地等待內心的情緒、想法，以及身體感覺的湧現。

不論湧出的是甚麼，不做判斷，不抵觸，不標籤，也不假裝自己不在意。

嘗試察覺自己的痛苦、喜悦、憂傷、憤怒、不甘、幸福等各種情緒。嘗試察覺自己身體從頭到腳，每一塊肌肉，每一寸皮膚的感覺。

感受你的情緒，感受你所感受到的每一種身體感覺，不論是好的，還是不好的，溫柔地觀照它們。

不逃避現在（哪怕這令人痛苦），不懊悔過去，也不擔憂未來。接受現實的痛苦，並不意味着向現實低頭示弱，而是直面它，溫柔地觀照它並與它同在。傾聽從你的心靈深處湧出的想法，試着將雜亂的想法理出一點頭緒，聽到被你忽視、壓抑和迴避的關於「我」、他人和世界的想法、情境。

繼續保持深而緩慢的呼吸 5 分鐘。也許你的想法和感受沒有甚麼變化，也許你的腦海中會出現一些新的想法，也許你的情緒、身體的感受會不斷變化，不論發生甚麼，你都盡量不要評價，溫柔地和這些想法在一起。

如果你無法抓住如潮水般湧出的想法和感受，甚至沒有辦法讓自己進入這種關注當下的狀態，那也沒有關係。事實上，只有極少數人能在一開始就進入狀態，大多數驚恐症患者因為長期壓抑真實感受而被「驚恐症」這怪獸的龐大身軀堵住了心門，他們便無法敞開心扉，看到真實的自己，更無法表達自己的情緒，擁抱自我。

在更多的情況下，你需要在接下來的 1~8 週內，堅持每天花 15~30 分鐘做練習，一步步接近真實的自我。我們通常將這個練習分為以下三個階段。

第一個階段：用一週時間學習聚焦呼吸。

當你被焦慮困擾的時候，呼吸常常又快又不均勻。這個時候你的大腦中充滿了紛亂的思緒，在多數情況下，這些思緒在你的腦海中亂成一團，只有在很少的情況下你能分辨出自己的想法，諸如「我這樣做，上司會不會不高興」、「我做甚麼都沒有精神，但作為家裏的支柱，我必須堅持」、「我真是個廢物，小小事情都做不好」。

請將注意力放在呼吸上，找一個安靜、光線適中、且不會被他人輕易打擾的地方，每天花 15 分鐘的時間，自然地站、

坐或躺着集中呼吸，你會注意到內心深處那些早已被你遺忘的「我」。讓這些紛亂的思緒自然地呈現，你可以把注意力放到這些想法上，然後讓它們自然地從腦海中消失。

這個階段，你可以保持你平時的呼吸頻率，將注意力集中到呼吸的氣流以及相關部位，讓自己的呼吸盡可能均勻就可以了。

你需要注意到當氣流進入你的鼻腔，從鼻腔進入喉嚨，從喉嚨進入氣管、支氣管，充滿整個肺部的過程中，這些部位的起伏。

當你吸氣的時候，你的鼻腔通常會感到有一點溫度上的變化，然後是喉嚨會輕輕地顫動，以便於氣流進入氣管，接着你的胸部會微微鼓起。如果你很焦慮，也許胸部鼓起的幅度較大，你會感到有點憋氣；如果你比較平靜，你的胸部鼓起的幅度微不可查。如果你嘗試腹式呼吸，當吸氣時，氣流就會繼續向下，充滿你的肺底，擠壓橫膈膜，讓腹部鼓起；當呼氣時，你會注意到鼓起的部位凹了下去。

如果你在練習過程中恍神也沒有關係，溫柔地把注意力拉回來，重新把注意力放到呼吸上就可以了。

如果頻繁恍神，你可以在訓練時放同一段輕柔舒緩的音樂，或者給自己錄一段指導語，例如，「我吸入一股清新的空氣，氣流流過我的鼻孔，流過我的喉嚨，流過我的氣管，流進我的肺部，清新的空氣令我放鬆。清新的空氣在我的肺部停留五秒鐘，讓它隨着血液的流動給我身體的每一個細胞送去氧氣，最後再次回到我的肺臟⋯⋯氣流經過支氣管、氣管、喉嚨和嘴，我慢慢地將身體中的廢氣完全吐出去，我感到內心寧靜，身體放鬆」。

指導語需要多錄幾次，直到語速與你的呼吸頻率諧調。如果你在呼吸訓練中並沒有放鬆也沒有關係，只要能夠讓注意力跟着氣流，感受到呼吸從鼻孔進來，從鼻子離開就可以就達到練習的基本目的了。如果某些想法讓你分神，讓你實在無法把注意力帶回來，你可以把練習停在這裏，第二天再練習也沒有關係。只要堅持每天練習你就能獲益，即使有時你的練習做得不夠「完美」也沒有關係。最後，請你微微睜開眼睛，帶着你的想法和感受回到此時此刻。

如果你能夠辨認出一些想法、情緒和身體感受，可以嘗試寫在下面。

_____

_____

_____

_____

如果你有一些新的想法、情緒和感受，也可以寫下來。

_____

_____

_____

_____

第二個階段：用兩週的時間學習溫柔地關注那些平時被你忽視的情緒、身體感受。

當你已經從聚焦呼吸中初步獲益，哪怕只有一點點，你都可以開始學習關注那些被你忽視甚至拒絕的情緒和身體感受。

在這個階段中，你可以嘗試腹式呼吸，學會逐漸加深和放慢自己的呼吸。如果你感到有些困難，也可以把學習腹式呼吸放到下一個階段。

在這個階段中，你將會注意到那些害怕自己做得不夠好、不喜歡被指責、害怕落後、害怕被拋棄、想偷懶、希望依賴他人等各種被你刻意壓抑的想法，讓自己開始學習誠實地面對自己的各種情緒 —— 憎恨、憤怒、焦躁、不安、恐懼、無助等，同時也不會被困在這些想法和情緒中，而是讓它們自然地來，自然地走。請保持這種自我察覺，坦誠地面對自己，接納多元的「我」和社會。

例如，你感到不安，就可以對自己說「我溫柔地關注着自己的不安」。也許這些不安會隨着你學會溫柔關注而消失；也許它還在那裏，只是你的潛意識還沒有做好接納的準備，你可以先將注意力轉向其他想法、情緒和身體感受。

如果你覺得對你而言兩週的時間有點短，你還可以多給自己一點時間，這並不是説明你不好或者你病得很重，只是你還沒有做好準備而已。對你而言，多給自己一點時間，也是順應自己的需要，是擁抱並接納自己的重要組成部分。

第三個階段：多數練習者需要用五週的時間學會擁抱自我，發掘並認識自己的美，成為更加完整的「我」。

在前 3 週中，你已逐漸熟悉了自己的情緒和身體感受。在留

心自己的情緒和身體感受的過程中，你也許會注意到自己常常習慣於關注負面的想法、絕對化的思維模式等。

在接下來的 5 週中，你可以繼續通過觀察自身，發現內在智慧，用智慧讓自己的身和心、意識和潛意識成為一個整體。

在這個階段中，你可以學習身體掃描和自然冥想。身體掃描是在腹式呼吸的基礎上，想像一股暖流從頭頂緩緩流過你的額頭、鼻子、下巴、脖子、肩膀、上臂、前臂、手、胸部、腹部、後背、臀部、大腿、小腿和腳。在這個過程中，你能夠更多地捕捉到身體各部分的感受，可能是溫暖，也可能是酸、麻、脹、痛等感覺。這些感覺都在提示你，你曾經或正在壓抑、否認自己的一些情緒或特質。如果想恢復健康，你就要通過溫柔地觀照這些感覺來接納內心的憎恨、憤怒、沮喪、怯懦、懶惰……

在剛開始練習身體掃描時，你可能並沒有明顯感覺。請不要着急，只要每天堅持訓練，你就會發現更多被你忽視的和遺忘的感受、想法和情緒。有時，你的腦海中還會出現一些想法、一些畫面。有的是非常現實的想法，諸如「今天上司又批評我了，他是不是很討厭我，我會不會被裁員」、「我的妻子錢花太多了，我已經承受不了了，可她不能理解我」。有

的是一些令自己擔憂、煩惱、恐懼的現實或幻想的場景，比如腦海中出現昨天工作時的失誤，未來某一天自己一個人倒在商場門口的場景，還有可能是一些光怪陸離的畫面（被怪獸追逐，身處恐怖、扭曲的世界等）。你不要擔憂，可以在那些想法裏停一下，誠實地面對它們。不過你也不要長時間停留，在察覺到你潛意識中存在的這些東西後就可以繼續進行身體掃描了。因為這時你已經察覺陰影，獲得了轉化這些陰影的智慧。

身體掃描可以讓你與自己內在世界連結，更多地發現自我，注意到甚至解決被潛意識隱藏的創傷。同時，你不用擔心自己無法應對直面創傷帶來的刺激，因為在多數情況下你所注意到的創傷是象徵的。例如，前文提到的被怪獸追逐。

在熟悉了身體掃描後，你還可以嘗試學習心靈花園、山的冥想、湖的冥想等自然冥想法。例如，你可以用「我的心靈花園」為藍本為自己錄一段冥想指導語，進入屬你的心靈花園，在潛意識中獲得問題解決的路徑，逐漸學會把身體、心靈、世界連接到一起，成為真實、完整的自我：

「這是屬我的心靈花園，花園中的一切都是我內心一部分，花園的變化也是我的內心情緒、感受的變化，花園中的人和

動物多數都是我人格的一部分。當我可以接受和融合花園中的一切時，我的心靈世界也在冥想中獲得成長，逐漸變得完整。」

「在深而緩慢的呼吸中，我慢慢放鬆自己。當感到自己已經漸漸放鬆時，我會注意到我的花園中有花、草、樹木、涼亭……我可以嘗試調動自己的感官，去看、聽、嗅、觸摸我的花園的一切，以便加深我對這花園的真實感受。當我的花園近乎真實地呈現在我的面前時，我似乎感受到花園帶給我的各種感受：各種顏色的花朵在我眼前開放，微風輕撫我的臉頰，花香飄過我的鼻尖。我可以試着找出花園裏的其他事物，這都是我的人格的一部分，有男女老幼，甚至還有一些動物、精靈和怪物，這一切不論是甚麼樣子都是我的一部分。他們也許會主動找到我，也許深深躲藏起來。我無須着急，到處走走，直到找到那個願意和我打招呼的人或者動物。如果他們的一個或多個，始終不願意露面，那麼我可以找到其隱藏的地方，傾聽、觀察，慢慢地接近，直到對方願意和我說『你好』。」

「如果我願意，我也可以讓我的花園產生四季的變化。春天空氣微涼、草木復蘇；夏天赤日炎炎，花園中生機勃勃，連小動物都變得更加活躍；秋天有點乾燥，花園裏碩果纍纍；

冬天萬物蟄伏，白雪覆蓋一切。我也可以讓我的花園產生四時的變化，晨光熹微的早晨，日懸中天的正午，落日熔金的傍晚，幽暗、萬籟俱寂的夜晚。」

「當我可以接受花園的一切和花園的變化時，也就意味着我接受了自己的一切。如果我不能接受花園中某些部分、某些事物，也沒有關係，這也許就是我所不接受的陰影，我可以多接觸這些陰影，然後我就會發現這些陰影發生了變化，也許還會看到它們帶給我的更多價值。」

注意！！

通過身體掃描、自然冥想等方法發現真實的、完整的自我，我們可以療癒藏在內心深處無法言說的傷痛。

4.2

改變自我對話

冥想等方法能幫助你在潛意識中發現並重構自我，探索內在力量。另外，更有意識的思考能幫助你解決現實中的問題。

你是否注意到那些讓你焦躁不安的想法在你呼吸和冥想時所產生的自我對話發生了變化呢？如果在之前已經寫下一些新的想法，你可以感受一下新的想法和過去的想法所帶來的感受是否不同。如果有，那麼恭喜你已經開始改變自我對話了。我相信接下來，你會有更多的收穫。如果沒有，那也沒關係，現在開始也不遲。

這種對話方式對你來說並沒有甚麼難度，你只需要有以下五個原則。

活在當下，而非憂心未來；
用「我選擇做」代替「我必須做」；
用「一步步做」代替「必須在限定的時間內做好」；
用「我有一些優秀的特質」代替「我必須十全十美」；
用和自己比較代替和他人比較。

活在當下，而非憂心未來

活在當下是指：能夠感受到此時此刻的自己（包括自己的感受、想法、需要、期待等只屬你的精神世界），你對自己保持善意和寬容，接受此時此刻自己的正面和負面的情緒、優點和缺點；不再受困於自我批評、擔憂未來，或者滿足他人的需要之中。

也許你會説「這太難了，我完全沒有辦法接受自己驚恐症急性發作，如果別人看到我驚恐症急性發作，他們一定會覺得我有問題而孤立、嘲笑我，也許還會影響上司對我的看法，我會因此失去升職的機會」。

的確，如果只是想着「要活在當下」，或者用理智接受自己的情緒、症狀、缺陷以及不為人知的內心陰暗面，確實非常困難。從憂心未來到活在當下，幾乎沒有辦法用理智達成。你可能需要從呼吸冥想（也有人稱之為「正念」、「靜觀」）訓練中獲得活在當下的智慧。在練習的最初一兩週，也許你還會用過去的方法感知、評價自己，隨着時間的推移，你將學會接納自己，而非評價自己。

用「我選擇做」代替「我必須做」

驚恐症患者常常會陷在「我必須每次都名列前茅」、「母親為我付出這麼多，我必須考上最好的大學」等令自己煩惱或不安的想法中不能自拔。你早已忘記了真實的「我」，你忘記了自己的興趣，忘記了要滿足自己的需要，而一味迎合他人的期待。你做的事情不再是你所選擇的，而是父母、老師或上司的選擇。你上大學是因為父母的要求，你賺錢是因為周圍人評價成功的指標就是「有錢」……這讓你感到自己就像一個扯線木偶，無法獲得屬自己的樂趣。

要想讓自己感覺更好，你就需要常常告訴自己「這件事是我選擇做的，我會從這件事中獲得樂趣」。你也許會想：這太難了，我根本不知道自己應該選擇甚麼。所以，要學會用「我選擇做」代替「我必須做」，一定從很小的事情做起。譬如，如果你認為升讀碩士是你的選擇，你可以用「我選擇升讀，所以我選擇每天溫習」代替「我要升讀碩士，所以我必須每天溫習 5 小時」。前者能讓你意識到自己是有力量的、自由的，你可以實現自己的目標；後者會讓你感到自己是弱小的、受制於人的，目標不可實現。

用「一步步做」代替「必須在限定時間內做好」

驚恐症患者的自我對話中常常有一種強烈的緊迫感。很多患者總感到時間不夠,或者告訴自己「我必須在某一時間之前完成某件事,否則就會遭受某種災難」。

用一步步接近目標的方法來替代這些令你焦慮的想法,會給你的內心帶來完全不同的感受。譬如,你期待自己在 1 週內完成一個重要的項目,你可以先在自己的日程表上列出一個較為詳盡的計劃,然後告訴自己「我已經列出了計劃,我知道自己有足夠的時間完成計劃,現在我正在按照計劃表完成了項目的第一部分和第二部分」,以此代替「我必須在 1 週內完成項目,因為時間太緊迫了」。在用筆畫走計劃完成部分的時候,你會發現自己有一種卸下一部分重擔的感覺。當內心一直被時間緊迫的感覺佔據時,你的身心都會始終處於緊繃狀態。

順便說一下,用筆寫下計劃,或把計劃存到你的電話備忘錄上,遠比把計劃記在腦裏更讓人感到輕鬆。這也是我常教給患者的有效心理自助小技巧。

用「我有一些優秀的特質」代替「我必須十全十美」

除了時間緊迫的感覺太強之外，你也許還對自己要求過高。也許你像焦先生一樣，期望自己始終是精神飽滿、活力十足的，當自己有一些沮喪、不安、焦灼時，你就會對自己失望；或者你像張先生一樣害怕被批評，害怕自己做的事情有漏洞，一旦有人對你行動的結果提出異議，你就容易自責、自我否認或害怕被他人否定；或者你是一個完美主義者，期待自己的言行十全十美，但凡有一點瑕疵，你就會感到不安。

因此，要擺脫驚恐症的煩惱，你就需要放下完美主義，捨棄舊有的自我對話模式，轉而關注自己身上已經具備的優秀品質。就像焦先生一樣，在接受了一段時間的心理諮詢後，當因工作壓力而感到鬱悶時，他會嘗試對自己說「我是一個認真負責的人，所以我感到有一些壓力」，以此替代「我怎麼可以洩氣呢？」等自我否認的想法。此外，使用創造性的積極自我對話，也是捨棄「十全十美」想法的一種積極思維模式。

遠離驚恐症，讓自己不再焦慮，還需要你不斷地改善自己內在對話模式：更多關注生活中的積極面，嘗試給消極面賦予價值。例如，如果你的原生家庭的經濟狀況很差，但是溫馨、充滿愛、活力，你可以嘗試一下用「我成長於一個溫馨、充滿愛、活力的家庭，我從家庭中獲得了愛、努力、奮鬥的品質」代替「我出身貧窮，很難獲得成功」。如果你的原生家庭既貧困又充滿了爭吵，你可以嘗試用「我能夠有今天的生活，說明我有能力自我成長，並成為最好的『我』」代替「在一個貧窮、不和諧的家庭中長大是我的悲哀」。

如果你總是注意到社會的不公與他人的言行不一致，並因此感到不安，你可以嘗試用「社會正在發生一些變化」代替「這個社會太糟糕了」，用「他有時言行不一致，我和他談話的時候需要再確認，以便更準確地了解他的話中真實的意思」代替「他是一個虛偽的人，我無法和他對話」。當意識到自己極力掩飾怯懦時，你也可以試着去發現在現實中怯懦帶給你的好處。不要小看這些自我對話，接納自己的各種想法、情感，明白好和壞、愛和恨、恐懼和勇敢共存，會讓你獲得內在的力量，增強抗壓能力，獲得更美好的生活，擁有更健康的身心。

用和自己比較代替和他人比較

驚恐症患者很容易患得患失，這種感受往往與和他人比較有關。每個人都不是完美的，與他人做比較可能讓你只看到了自己的負面特質，忽視了自己的正面特質。而和自己比較，你會發現自己一直在成長，這會讓你看到自己積極、有價值的一面，並給你帶來成就感。

張先生常常與同行比較，總覺得「我和某人相比做得不夠好」。為了超越他人，他強迫自己反覆修改已經完成或者接近完成的工作。張先生日益沮喪，越來越害怕自己做得不好，這種日漸強烈的恐懼進一步導致他辦事不力，他的壓力就更大了。

當張先生的自我對話轉變為與自己比較時，他看到了自己的成長，不再對自己說「我沒有 A 同事那麼善於把握商機」，而是告訴自己「在過去的一段時間裏，我比之前更快地完成了某項工作，這讓我感到高興」、「我學到了一些新的應對方法，並且嘗試去實踐，現在獲得了比之前更好的成效」。隨着自我對話的改變，張先生不僅獲得了成就感，也獲得了更多實質的成長。這些成長讓張先生的工作更加高效，內心的壓力日漸減少。

4.3
承認和接納內心的陰影

何謂陰影

每個人內心深處都深深埋藏着一些不想為人所知的秘密，榮格稱之為「陰影」。在多數情況下，人們並不能意識到陰影的存在。人們常常無意識地把自己層層包裹起來，隱藏或逃避陰影所帶來的傷痛。而這種隱藏和逃避，是以壓抑自己的情感及情感需求為代價的，會讓自己倍感壓力，只能給自己帶來更深的痛苦。

程女士為了隱藏自己對母親的憤怒，總是討好父母和自己的上司。盡量滿足對方的需要，即使對方的要求是不合理、過分的，她也會盡量做到讓對方滿意。然而每當程女士滿足了對方的要求，她所感受到的不是如釋重負而是自我厭棄和對對方更強烈的憤怒。長期的自我否定和被壓抑的憤怒在不知不覺中一點點侵蝕着她的身心健康。

驚恐症患者需要承認和接納內心的陰影才能意識到身體的各種不適並不是身體生病，而是在一遍遍無言地提示「你需要

直面自己內在的需要」。只有得到承認和接納，陰影才能轉化為驚恐症患者自己的力量，成為應對生命中的痛苦、不安、煩惱的能量。

用冥想打開心扉，接納內心的陰影

承認和接納內心的陰影並不困難，有不少有趣的方法可以打開你封閉已久的心扉。只要有意與陰影接觸，陰影就會變得觸手可及。如果你願意，可以嘗試以下方法慢慢地接近陰影，觸碰它，與它共舞，促進它的轉化，讓它成為你內在的動力。

在一個安全、安靜、溫度適中的環境裏，以舒服的姿勢坐好。用 2~3 分鐘進行腹式呼吸，放空自己大腦並進入冥想狀態，盡可能清晰地想像自己回到曾經不願回首的某一段時間。感受那時你的不安、憂慮等情緒。讓此時的你和那時的你坦誠溝通，傾聽那時你的各種感受、想法和情緒。慢慢地把自己壓抑已久的憤怒、恐懼、憂慮、沮喪、孤獨、羞愧、悲傷等各種負面情緒，以及負面想法一點點從內在的各個角落釋放出來。

然後試着感受那時的你和現在的你的不同。那時的你也許還是兒童，也許還是少年，總之與現在相比還很弱小，以至於面對指責、嘲笑或者傷害時手足無措、惴惴不安，迫切期望得到接納、安慰，以及有力的支持、鼓勵。而此時的你已經長大成人，更具智慧，也更友好、包容和慷慨。所以，此時的你有能力給那時的你傳遞愛，引導自己意識到真實的想法和感受，面對自己的脆弱。你可以試着告訴自己，那些來自過去並一直令你感到煩惱的東西只是自己的陰影，你願意讓它們隨着你的呼吸律動。觀察它們此時帶給你的感受。

隨着深而緩慢的呼吸，你能夠越來越清晰地意識到自己的情緒。對情緒的意識愈清晰，你就愈能意識到自己的腦海中諸如「我無法勝任自己的工作」、「我孤立無援」、「我必須做到完美無缺，否則就會受到指責」等想法奔湧而出。不要拒絕這些想法，但也不要過度關注。讓它們自由流淌就好了。這樣，你才能真實地意識到這些負面的想法並不能反映現實，而是一種錯誤且過重的自我保護。

堅持每日訓練，你就越來越能清晰地感受一個或一組陰影。當能夠承認陰影的存在時，你就逐漸獲得了陰影中的力量和智慧，可以開啟下一段接納之旅。一段段接納之旅，讓你越來越接近完整的自我，你會更加強大並富有智慧。

一般情況下，你只需要 1~4 週的冥想就可以接近驚恐症相關的陰影。如果影響症狀的陰影比較多，你可以重複上述步驟，讓自己發現和接納更多陰影。當基本接受了自己的陰影時，你就可以根據腦海中湧現的想法，選擇類似下列的句子，堅定而不誇大地告訴自己，「我有力量」、「我是值得被愛的」、「我做了……說明我是值得信賴的」。在這個過程中，你會發現過去的陰影不再是障礙，而其中的強大力量將融入你的血液，成為你力量和智慧。

注意！在這個過程中，不要使用過去那些使你受傷的類似「必須」、「應該」、「一定」、「完美」等詞語，而是使用「我嘗試」、「我願意」、「我想」、「我可以」等表達逐漸提升自我的詞語。

用夢接納自我，將陰影變成內在動力

除了冥想，夢也可以幫你將陰影變成屬自己的動力。你日常所做的夢常常以象徵的形式，向你傳遞潛意識的內容。陰影是潛意識重要的組成部分。那些在你夢中反覆出現的令你感到恐懼、厭惡、迴避的人、場景，常常與你的陰影有關。因此，釋夢等也是自我接納的一個重要方法。

如果你經常做夢，可以睡前在床邊準備一本簿仔和一支筆，以方便你睡醒之後馬上記錄夢。當然，你睡前不要看視頻或令人興奮的小說，要讓自己盡可能進入冥想狀態。這樣你更容易進入一個屬你而不是被外部刺激影響的夢境。同時，這也可以讓你更好地進入夢的世界，收集到更多夢的訊息。

當你從睡眠中醒來時，請及時記錄你的夢，不用記錄得很詳細，只要記下一些關鍵詞，就足以讓你從夢中看到被你壓抑的陰影，也能讓你從中獲得接納陰影的智慧。如果你是被人或鬧鐘叫醒的，那麼你對夢境的記錄會有所缺失，但請不要擔心。只要堅持記錄，你仍能從夢中獲益。

患者常常誤以為，只有清楚地了解夢中情境的含義，才能解決自己的心理問題。其實，對夢的工作就是為了讓患者走出過度理智的泥潭，了解自己真實的情緒，溫柔地對待自己內在和外在。所以，在任何一種形式的夢中，你只需要跟着感覺走，就能遠離過度理智的泥潭。

如果你能夠接納自己、承認自己不夠完美，並且感受積極和消極的情緒，你就可能接納自己的陰影，改善現狀，走出困境。

4.4

緩解驚恐症症狀的五種行為

在緩解驚恐症的症狀方面，行動比思考更重要。有五種行為
對緩解驚恐症相關症狀尤為有效。

正念

練習正念可以讓驚恐症患者感受真實的自我，從而遠離對未
來的憂慮和對過去的懊悔。對大部分人來說正念並不困難，
只需單純地使用眼、耳、鼻、舌、身、意等去感受與自己相
連的外界事物，留意自己內心世界的一切活動，不因沮喪而
終止練習，也不因喜悅而延長練習時間，讓一切自然而然地
發生就是正念。

正念練習通常從觀察呼吸開始。你只需一天一次，一次半個小時，觀察自己的呼吸，就能學會最簡單的正念練習方法。你僅僅需要把意念放在腹部，不需要控制呼吸的幅度，自由地呼吸，盡量去體會各種感官上的變化。你會慢慢安靜下來，讓氣息以某種方式在身體內流動，就像腹部跟隨着呼吸節律而動那樣。如果你的意識走向其他地方，你溫柔地用呼吸將意識重新拉回來就可以了。

正念飲食也是常見的正念練習方法。你可以使用一粒提子乾、一個士多啤梨、一塊香口膠等小塊食物充當練習的材料，充滿好奇心地觀察食物的顏色、形狀，聞食物的氣味，用口腔、舌頭感覺食物的質地，慢慢地咀嚼，以感受此時此刻。

例如，你拿起一顆藍莓，把它放在手掌上，全神貫注地盯着這粒藍莓，觀察它的顏色、形狀。然後閉上眼睛，感受它帶給你的觸感，把藍莓放在鼻前，在每次吸氣的時候吸入它散發出來的芳香，並注意此時因對藍莓充滿渴望而分泌唾液的口腔和微微蠕動的胃。再慢慢把藍莓放到嘴唇邊，注意手是如何把它輕輕放到嘴裏面的，不要咀嚼，用幾分鐘體驗一下它在嘴裏的感覺。當準備好咀嚼它時，你可以有意識地咬一下，看看這粒藍莓帶給你的味覺、觸覺變化，體會隨你每一

次咀嚼所產生的味道的變化。不要急着吞咽下去，注意用舌頭感受藍莓味道和質地的改變。最後，當你感受到吞咽的欲望時，讓藍莓的汁液自然地流入你的食道，仔細地感受這種吞咽的感覺，並感受口腔乃至全身與開始練習之前有甚麼不同的感覺。

當你已經可以在生活中有意識地進行正念呼吸及正念飲食時，正念行走將會幫你進一步覺知和理解活在當下的感覺。正念行走是指當開始走路時，你不要試圖改變行走的方式，只需要自然地觀察，注意感受自己身體在行走過程中的感覺及其變化，並覺知周圍環境。在走路的過程中，你可以感受自己的腳是如何抬起的，腿部肌肉如何變化，胯部和雙臂如何擺動，也可以感受到是否有風吹過，周圍有甚麼聲音，溫度和氣味上有哪些變化。在行走中，如果分心了，你也不用擔心，只需要把注意力重新帶回身體的運動上，帶回到腳底每次踏在地面的感覺上。

當然正念無處不在，除了呼吸、飲食、行走、靜坐、站立、躺着、睡眠、工作，其他任何事情都可以供你練習正念，使你熟悉這種「活在當下」的感覺。在數週的正念練習之後，你將發現，就算注意力轉移到了各種想法上，你也能及時地回到當下，不再評判自己和他人。接受那些被目標驅動的思

維，不再將其看作障礙，而視之為某種善意的提醒，你就可以真正學會活在當下，隨時可以回到此時此刻，真正接受生活、接納自己、享受當下。

自我催眠

持續的驚恐與負面的自我催眠有關，驚恐症使你經常無意識地擔心發生糟糕的事情，使身體的交感神經系統和副交感神經系統的功能被破壞，從而讓身體的各部分處於緊繃狀態。自我催眠能夠調節神經系統，讓身體逐漸放鬆，減少症狀出現頻率，你的擔憂也會隨之減少。

你可以試試這種常用且簡單易行的自我催眠法：每天花半個小時在一個安靜、舒適、且不會被打擾的地方，按下面六個步驟進行練習。

第一步 膊頭重。你舒服地坐或躺着，自然呼吸，並嘗試反覆默念：「我的膊頭重。」如果覺得感受到「膊頭重」有點困難，你可以先反覆默念「我的左邊膊頭重」，當左臂能夠感受到自然下垂的重量時，你就可以反覆默念「我的右邊膊頭重」，最後反覆默念「我的膊頭重」。

`第二步` 膊頭熱。當已經能有意識地讓自己感受到膊頭的重時，你就可以默念「我的膊頭熱」，你就會更容易感受到膊頭微熱。

`第三步` 呼吸輕鬆。在這個階段中，你反覆默念：「我的膊頭重⋯⋯ 我的膊頭熱⋯⋯ 我的呼吸輕鬆⋯⋯」循環往復，你會體驗到自己呼吸輕鬆。

`第四步` 心跳靜。在這個階段的練習中，你反覆默念：「我的膊頭重⋯⋯ 我的膊頭熱⋯⋯ 我的呼吸輕鬆⋯⋯ 我的心跳靜⋯⋯」你會發現自己的身體奇蹟般變得非常輕鬆，令人感受到久違的寧靜。

`第五步` 胃部暖。在這個階段的練習中，你反覆默念：「我的膊頭重⋯⋯ 我的膊頭熱⋯⋯ 我的呼吸輕鬆⋯⋯ 我的心跳靜⋯⋯ 我的胃部暖⋯⋯」胃部溫暖的感覺就像你在內心種了一個小太陽，向你的身體各部分射出暖洋洋的力量。

`第六步` 額頭涼。在這個階段的練習中，你反覆默念：「我的膊頭重⋯⋯ 我的膊頭熱⋯⋯ 我的呼吸輕鬆⋯⋯ 我的心跳靜⋯⋯ 我的胃部暖⋯⋯ 我的額頭涼⋯⋯」直到你感受到額頭清涼。如果你無法感受到涼意，可以預先用額頭接觸一下

身邊能讓你感受到涼意的物件；例如，用額頭輕觸凍水樽，在隨後的練習中盡可能地讓身體回憶這種涼意。這讓你感到大腦清明，心情爽朗。

改善睡眠習慣

驚恐症是一種焦慮障礙，極易因為焦慮、擔心，以及外界的各種聲音與變化而寢食難安。睡眠不好也會導致驚恐症急性發作。改善睡眠對驚恐症患者提高生活質量非常重要。改善睡眠習慣，有時就能解決睡眠質量不佳或失眠問題。

養成良好的睡眠習慣，要養成以下習慣：晚上 8 點之前吃飯，之後不再進食，不食煙，不飲酒，最多喝一杯不超過200ml 的牛奶或助眠藥；睡覺前半小時關掉所有的電子儀器，停止思考白天發生的事情和第二天的工作、學習計劃，聽一些舒緩的音樂，讓自己預備進入睡眠狀態；當你感到困倦的時候才上床，上床之後，使用腹式呼吸讓自己自然地進入睡眠狀態；如果躺在床上 15 分鐘以上仍然入睡無望，就一定要起來做一下家務或者看一下書，直到困倦時再上床睡覺；第二天，不論前一晚睡眠質素如何，一定按時起床，起床時間不宜晚於早上 7 點鐘；如果有午睡習慣，最好在下午1 點左右午睡 15~30 分鐘，因為過短的午睡起不到休息作

用，過長或過晚的午睡是晚上失眠的重要原因。

另外，請一定注意：床是用來睡覺的，不要在床上做任何與
睡眠無關的事情，這樣能讓你的身心得到一個暗示：上床就
意味着進入安靜的睡眠狀態。

改變生活習慣

習慣決定着你的情緒。對驚恐症來説，好的習慣會讓它失去
藏身之所，壞的習慣會讓它頻頻造訪你。對驚恐症患者來
説，適度運動、良好睡眠、合理膳食、正念或放鬆訓練都是
生活中不可或缺的部分。這些習慣可以使你擁抱更積極、健
康、幸福的生活。

在自助的過程中，你需要給自己安排合理的生活和工作時
間，然後評估這種安排帶給你的感受，讓你對自己的生活有
更直觀的認知，方便你評估生活和工作狀態，並發現可能存
在的問題，也讓你對生活更有掌握。

你需要與那些目標明確、樂觀熱情、心態積極的人做朋友，
嘗試傾聽和溝通，促進自己的成長，讓自己擁有對生活價值
的掌握和自信，增加安全感。

要養成良好的閱讀習慣。這種閱讀不是碎片式的閱讀，而是真正閱讀一些有益於自己成長的圖書。例如，和自己專業有關的重要著作、專業人士推薦的心理成長讀物、有深度的文學作品，與文化哲學有關的讀物，都可以讓你靜下心來。

要學會照顧自己，讓自己的生活變得更有趣。很多人生活中只有三件事：吃飯、睡覺、看電話，若已為人父母則還得陪孩子。這樣日復一日無趣的生活，常常讓人感到不安、無價值、無意義，常常成為驚恐症的溫床。要想擺脫這樣的生活，你就需要給自己一些生活的樂趣。如果有條件，學習繪畫、音樂、手工製作等，不僅能為你的生活增添樂趣，而且創作活動會讓你感受到各種精神上的愉快體驗，使內心世界更加豐富。如果你沒有條件學習藝術，園藝活動、自我按摩、聽音樂、香薰等活動也能讓你感受到生活的快樂。

直面生活中的挑戰

大部分驚恐症患者會習慣性迴避生活中各種讓自己不安的事情，強烈地渴望擺脫驚恐症所帶來的困擾，結果卻讓自己在困境中愈陷愈深。要徹底擺脫驚恐症，其實你需要直面生活中的各種難題。當然，這並不容易，盲目行動只會讓你碰壁。你需要將這些難題分級（見表 4-1），一步步適應，讓

自己逐漸學會解決生活和工作中的難題，更好地適應環境。

表 4-1　難題分級示例

讓你不安的情景	等級
和一名關係一般的同事在辦公室	1
在熟悉的、人不多的超級市場裏購物	2
在熟悉的、人稍多的超級市場裏購物	3
在只有幾個人的巴士上	4
在熟悉的、人潮洶湧的超級市場裏購物	5
一個人在家的時候	6
在擁擠的巴士上	7
乘坐飛機	8
和不熟悉的人在陌生的地方	9
當出現心慌、氣急等症狀時	10

你可以從級別最低的難題開始，讓自己逐級學會放鬆。如果在當前級別你只是有點擔心，那你完全可以在現實場景中每天安排兩段 10 分鐘左右的放鬆訓練，然後直接進入下一級。如果在這個過程中，你因想到「我如果突然驚恐症發作，別人就會用異樣的眼光看我」而無法平靜，那麼你可以寫出過去你在辦公室發作而他人沒有注意到你或熱心幫助你的經歷，以改變負面的自我對話。漸漸地，你將適應更高級別的挑戰。最終，你可以直面生活中經常出現的挑戰。

4.5

管理你的情緒

可能引發驚恐症急性發作的情緒包括被壓抑的憤怒、過度擔憂等負面情緒。這些情緒來自未能滿足的被接納、被愛、被關心、被照顧等各種需要。要緩解驚恐症的症狀,你需要察覺和接納自己的情緒,識別並表達自己內在的需要。

管理情緒,從愛自己開始

管理情緒的第一步是愛自己。愛自己的人常常相信自己具有獨特的價值,不會永遠被忽視,生命之花必將在某一刻綻放。

要培養對自己的愛,你就應重新構建自我評價體系:嘗試捨棄以往對自己的負面評價,選擇使用「我是有價值的」等積極語言來定義自己。對自己的定義決定着想法和感受。一個擁有自尊的人,一個用積極語言定義自己的人,會更懂得照顧自己,他會以健康的生活方式讓自己的身心處於良好狀態,也更易感到快樂和幸福。

察覺自己的情緒

管理情緒的第二步是察覺自己的情緒。正念練習是一種非常好的情緒察覺方式。在正念練習的過程中，各種各樣的情緒會自然流淌。在這個過程中，你會無意識地注意到過去被你忽視、壓抑的各種情緒。當注意到這些時，你可以溫柔地關注這些情緒，並識別它們（盡可能仔細分辨這些情緒）。例如，你可以把不高興分為不悅、微慍、憤怒、暴怒四個級別。然後，你對自己說「我為……事感到不悅（或微慍、憤怒、暴怒），但是我接納自己的情緒，因為這些情緒會帶領我看到真實的自己，一步步成為更好的『我』」。

如果沒有辦法形容自己的情緒（譬如，你只能寫出「我高興」或「我不高興」，難以找到能準確描述自己感受的詞），你需要給自己做一張情緒列表、感受清單，然後花一點時間從周圍人或各種媒體上收集描述情緒的詞語，一點點補充進你的列表，你就能越來越準確地表達自己的情緒了。

嘗試適度表達情緒

情緒管理的第三步是嘗試適度表達情緒。也許你會說「不行，我不能表達我的憤怒，如果我發火，就會破壞人際關

係，身體也不舒服」。是的，不當的憤怒不僅會破壞人際關係，還會影響大腦額葉和顳葉活動、心臟和內分泌系統的正常功能，但是壓抑憤怒對你的傷害更大。因此，在適當的時間、地點，適度地把自己的情緒跟令你受傷的人說出來，能夠獲得比壓抑情緒更有益的結果。

在員工眼中，張先生是一個性格溫和的上司，雖然工作要求很高卻幾乎不會對員工發脾氣。通常是自己和員工一起忙，即使忙到半夜，張先生也會盡量溫和地對待員工工作中出現的問題。在心理諮詢的過程中，他意識到自己刻意壓抑的憤怒才是問題的根源。於是，他嘗試選擇性地私底下對別人表達自己的憤怒。在項目經理企圖敷衍塞責的時候，張先生第一時間把他叫進自己的辦公室，向他表達了自己對其消極工作態度的憤怒。在這之後，這個項目經理的工作效率和效果都有了明顯提升。更重要的是，在張先生能夠表達自己情緒以後，他的情緒狀態和工作效率也有明顯提升。

識別未被滿足的需求

對於大部分人來說，無法控制的負面情緒常常與自己未能滿足的需求有關。所以，情緒管理的第四步就是識別未能滿足的需求。需求是維繫每個人生存所需的必要資源，包括欲

望、精神需求等。每個人的需求各不相同。識別需求可以讓你更了解自己，學會愛自己，獲得掌控自己情緒的能力。

一般來說，在物質匱乏年代成長起來的人常常更看重生理和安全的需求，對金錢、居住環境、生活穩定、工作職位的保障更為看重。當物質上的需求被滿足時，人們的需求逐漸擴展到愛、欣賞、支持、理解、照顧等歸屬和尊重的需求上。也有人會更看重獲得幸福感、自由選擇人生、奉獻自己以實現人生價值、擁有創造中的高峰體驗等需求。

把堵在心裏的東西寫出來

情緒管理的第五步是把堵在心裏的東西寫出來，即將與負面情緒相關的事件、情境、想法、需求一一對應寫出來，找出可能與負面情緒相關的問題。寫出來意味着給大腦一個休息的機會，而不會讓負面的感受和想法在心裏反覆出現。這也有助於你澄清與情緒相關的需求，想清楚如何為自己負責，採取積極行動、尋找適當方法滿足自己的需求，解決問題可以降低壓力、改善情緒。

另外，寫出來還可以更直觀清晰地讓你明白是哪些想法和情境容易激起自己的情緒；了解自己難以表達情緒的原因（是

你怕表達情緒會導致對方反應過大、情緒失控，還是其他原因）；了解自己的情緒是源於壓力、勞累還是其他因素。寫出來有助於你評估情緒並重新構建和情緒相關的思維模式。

如果尚未察覺到自己的需求，那麼你可以嘗試把日常生活中讓你身體不適的行為記錄下來，這種把問題具體呈現的行為也有助於你識別那些被你忽視的需求。

張先生在開始心理諮詢之前，總是被紛亂的情緒所困擾。後來他在我的指導下嘗試將困擾自己的各種情境以日記的形式記錄下來。下面是他做的記錄（見表 4-2）。

這個表格讓張先生發現自己有被愛、被欣賞、被理解、被尊重的需求。同時，他通過具體呈現問題，也逐漸發現自己認知上的偏差。藉助每週的認知行為記錄表，他一點點地重構讓自己情緒更穩定的思維模式。

承擔責任

情緒管理的最後一步是，你需要明白，你是自己情緒的主人，你要學會承擔責任，即不再把事情歸咎於他人，承諾對自己的當下生活、情緒和未來負責。你可以使用「我已經是

成年人了，有能力與家人一起成長，努力發現真實的自我，管理好自己的情緒，遠離驚恐症」替代過去諸如「要不是因為我的原生家庭太壓抑了，我就不會患上驚恐症」、「我的驚

表 4-2　張先生的記錄

時間	情境	情緒	身體感受和行為	
週一	妻子外出購物，獨自在家	恐懼	心慌、頭暈，躺在床上	
週二	得知某中層管理的工作出現嚴重失誤	焦慮憤怒壓抑	胸悶	
週三	獨自開車上班途中出現驚恐症急性發作	恐懼	心慌、肌肉緊繃，試圖尋找醫院	
週四	下週一要去總公司做述職報告	焦慮不安	心慌、出汗	
週五	今天早上晚起了	沮喪		
週六	早上因為孩子賴床而對孩子大吼	自責		
週日	檢查述職報告，覺得寫得不好，多次修改仍然不滿意	煩躁自責	心慌、出汗、一陣發熱	

恐症一直得不到治癒，都是因為沒有遇上合適的心理醫生」
這些消極的自我對話。

當時的想法	新的想法、行為
我心臟病發作了	這只是驚恐症的症狀；握拳；放鬆訓練
我怎麼會找這個人負責這個部門	現在我要找其他人一起協商如何彌補損失；打電話給同事
我要馬上去醫院	我要冷靜下來；嘗試把車停在安全的地方，做 1 分鐘漸進式肌肉放鬆；如果感覺好一些再做 5 分鐘，如果感覺不好再去醫院
我也許會因為在做報告時驚恐症急性發作而被嘲笑	一個月前，我在工作中出現過一次驚恐症急性發作，仍然基本完成了當時的工作，也沒有人會關注我的異常反應；我只要做好述職報告，就能應對；安排好時間，為述職報告做準備
我總是拖延	本週我已經成功早起慢跑 4 天了，不必苛求自己；正常安排日程
我總是控制不了自己的脾氣	我正在學習情緒管理；為自己不當言行道歉
我沒有辦法寫好報告，當天一定會出醜	這只是一次常規述職，我完成報告就可以了；暫停書面修改，開始口頭演練

4.6

自我放鬆的五種方式

放鬆訓練

放鬆訓練，是常用於焦慮相關障礙的一類自助方法，也是驚恐症自助和治療過程中常常用到的一類方法。它是指通過一定的程式訓練，患者學會讓精神及軀體放鬆的一類行為療法。其產生作用的核心理論是，放鬆可以使副交感神經興奮，從而使心率、呼吸減慢，達到減輕或消除症狀的目的。

放鬆訓練的方法很多，比較常見的有腹式呼吸放鬆法、漸進式肌肉放鬆訓練、想像放鬆法、想放鬆法、瑜伽放鬆法等。其中對驚恐症急性發作有效的放鬆方法主要是腹式呼吸放鬆法、漸進式肌肉放鬆訓練、想像放鬆法、和冥想放鬆法。

腹式呼吸放鬆法

使用自然地坐、臥或站立姿勢以後，雙肩自然下垂，兩眼微閉，然後做緩慢的深呼吸。一般情況下，經過 2 週左右的訓練，你就可以將深呼吸的頻率降為每分鐘 2~4 次，甚至低於每分鐘 2 次，一般持續數分鐘便可達到放鬆的目的。

漸進式肌肉放鬆訓練

保持深而緩慢的深呼吸狀態，然後開始進行身體各部分的（拉緊和放鬆）訓練。一般過程如下：

從頭部到腳部按次序盡可能地讓自己的身體某一部分拉緊 5 秒左右，之後快速放鬆，保持放鬆狀態 10 秒左右。一般從眼睛開始，盡力睜大眼睛和放鬆，緊閉雙眼和放鬆；張大嘴巴和放鬆，閉口咬緊牙關和放鬆；伸長舌頭和放鬆，卷起舌頭和放鬆；舌頭用力抵住上顎和放鬆，舌頭用力抵住下顎和放鬆；屈頸使下頜觸到胸部和放鬆；聳肩向後和放鬆，提肩向前和放鬆；保持肩部平直、轉頭向右和放鬆，保持肩部平直、轉頭向左和放鬆；拱背和放鬆；收緊二頭肌和放鬆，收緊三頭肌和放鬆；握緊拳頭和放鬆，伸展五指和放鬆；深吸氣並盡量讓肚子鼓起來和放鬆；收緊臀部肌肉和放鬆，臀部肌肉用力抵住椅墊和放鬆；伸直雙腿、腳趾上翹背屈和放鬆，等等。

這樣，幾乎身體的每個部分都能感受到（拉緊和放鬆），這種訓練可以大幅度減少緊張，讓身體更容易進入放鬆狀態。如果你時間有限，或者環境不允許，反覆做 3 分鐘握緊拳頭和放鬆和伸展五指和放鬆也能幫助你緩解緊張和焦慮。

想像放鬆法

在安靜的環境中，仰臥在床上，閉上眼睛，在深呼吸放鬆的基礎上，始終保持深慢而均勻的呼吸。想像一種自己曾經體驗過的舒適和放鬆的場景，並進入這種場景，與之融為一體。在這個過程中，你將注意力集中在自己的身體感覺上後，就能感到愈加舒適和放鬆。

如果無法想像這樣一個場景，那麼你可以給自己錄一段錄音幫助自己進入想像中的寧靜空間：「我躺在溫暖的沙灘上，藍色的天空和藍色的大海讓我心曠神怡，我感受到陽光的溫暖，聽到海浪拍岸的聲音，我感到溫暖而舒適……令人放鬆的暖流，流過我的額頭，我的額頭感到溫暖且舒適。令人放鬆的暖流流過我的臉頰，我的臉頰感到溫暖且舒適。我的呼吸越來越慢，越來越深。令人放鬆的暖流，流進了我的左肩，我的左肩感到溫暖且舒適。令人放鬆的暖流，流進我的腹部，我的腹部感到溫暖且舒適。我的呼吸越來越慢，越來越放鬆……我的整個身體都變得非常放鬆了。我的心裏安靜極了，我已經感覺不到周圍的一切，周圍好像沒有任何東西，我安然地臥在溫暖的懷抱裏，非常地放鬆……」

在靜默幾分鐘後，將自己的感受從想像中抽離出來，你就可以帶着這種放鬆和寧靜的感覺回到當下的生活中。

運動讓你充滿活力

運動不僅有益身體健康，對心理健康的促進作用也不容忽視。對驚恐症患者來說，堅持每週 3~5 次、每次 30 分鐘左右的中等強度的運動可以使腦血流量及腦波 α 振幅趨向更健康的水平，提高腦內 5- 羥色胺等神經遞質在細胞間的濃度及神經活性水平，產生類似肌電生物反饋作用，降低緊張和焦慮水平，有效緩解驚恐症的相關症狀。

足球、籃球等高強度的需要激烈對抗的團體運動有助於你宣洩情緒，同時還可以促進你的人際關係發展，讓你獲得某種能力或新的體驗，改善社會能力，增強自信。乒乓球、羽毛球、網球等小球類運動能讓人既動手又動腦，有助於身心均衡發展，釋放個性，減輕生活和工作壓力。平衡木、拳擊等運動可以增強自信；游泳、慢跑等運動可以緩解負面情緒，並且簡便易行；太極拳、太極劍、瑜伽等運動對驚恐症相關負面情緒的消除作用尤為明顯。對你來說，有目的地選擇幾種自己喜愛的運動是遠離驚恐症的重要手段。

需要注意的是，運動強度過低，例如，散步或做家務，起不到治療作用；運動強度過高，常導致肌肉緊張、心臟不適，也不適合驚恐症患者。另外，多數人很難堅持一個人重複一

種運動，與親友一起運動，參與團體性或對抗性的球類運動，或者選擇多種運動讓運動變得更豐富多彩都是不錯的選擇。例如，和朋友一起打網球，和家人一起慢跑半小時，運動方式豐富，又有人提醒和幫助，通常更有助於你堅持運動、形成習慣。

紙袋呼吸法

當驚恐症急性發作時，血液中的氧和二氧化碳濃度的平衡常因過度換氣而被破壞，紙袋呼吸法有助於解決這一問題，方法如下。

① 準備幾個不漏氣的紙袋，分別放在你平時經常身處的地方。

② 在你感覺到恐慌時，把你準備的紙袋密實地罩住口鼻，切記壓住邊緣使它不漏氣。然後你開始盡力有規律且緩慢地呼吸，連續在紙袋中呼吸，直到恐慌情緒被控制住、呼吸輕鬆為止。

③ 如果在驚恐症急性發作時，你身邊沒有紙袋，那麼也可以用自己的雙手當作紙袋罩住口鼻並調整呼吸，也能起到類似的效果。這種方法可以使血液中的氧氣和二氧化碳濃度很快達到平衡，從而消除焦慮和恐慌。

營養是一種平衡

均衡營養可以幫助你調節神經，補充營養，改善內分泌狀況，解決維生素 B 缺乏、貧血、電解質紊亂引起的類似於驚恐症的症狀。

實現營養均衡並不麻煩，不一定要花很多時間，或者刻意多吃某一種食物，營養是一種平衡。你只需要按照營養師的建議，合理安排自己的飲食，一般就能實現營養均衡。其中的關鍵是均衡地食用各類食物，不可刻意不吃一類食物，或過度食用一類食物，更不可為了減肥不吃主食，或因緊張焦慮而過多食用零食。

此外，如果你有時間，或者愛好廚藝，也可以在營養均衡的基礎上，用自己喜歡的餐具，精心為自己準備精美的小食，製作過程和儀式感也可以減輕你的身心壓力。

富有活力的生活

當你被驚恐症困擾時，你的注意力會越來越集中於自己的身體症狀，生活也因此變得越來越單調、乏味。乏味的生活會讓你更加關注自己的症狀，任何身體上的風吹草動都會讓你

如臨大敵。

因此，遠離驚恐症需要你嘗試一些有意思的生活方式，以減少你對症狀的關注，從而減少症狀出現的頻率。

① 為生活和工作做一個計劃，並把這個計劃寫在紙上，放在你方便看到的地方。你一定要寫下來，是因為把事情記在腦裏會讓你感到有很多事情，而寫在紙上你會看見自己正在完成一個接一個的事情。前者讓你感到壓力，後者讓你有成就感和愉悅感。

② 你可以選擇與朋友和家人一起去聽音樂會，也可以自己在家裏唱歌，還可以自學彈唱，自娛自樂。不論選擇哪種方式，你都有可能找到撥動自己心弦的辦法。甚至只放着背景音樂、做着別的事也可以放鬆心情、減少焦慮。

③ 繪畫是一種象徵式的語言，在塗鴉或作畫的過程中，色彩、空間、構圖和符號都有可能讓你宣洩情緒，發現自我，探索心靈深處被自己壓抑或遺忘的東西。當潛意識中那些被你無意識隱藏的東西通過繪畫重見天日時，你會豁然開朗。

④ 芬香都能調節人體的神經功能，改善睡眠，緩解壓力，使身心恢復協調，消除憂鬱、焦慮、煩悶、憤怒等情緒和疲勞感。在驚恐症自助中，用得較多的是沉香、玫

瑰、薰衣草等精油。其中沉香精油可調節神經內分泌，活化大腦皮質細胞，改善身體機能，安神助眠。玫瑰精油能緩解憤怒情緒。薰衣草精油可以消除緊張，放鬆肌肉，制怒且助眠。

⑤ 你可以多參與自己感興趣的團體活動。當代社會真正的放鬆是和有着共同興趣的人在一起，做一些自己喜歡的事情。例如，參加讀書活動，大家一起讀一本好書，討論圖書帶給自己的感受；一群朋友一起去戶外感受大自然等，不同質性團體可以帶來不一樣的感受。

⑥ 症狀不那麼嚴重的驚恐症患者也可以試着解決自己所面臨的問題。例如，積極接受與驚恐症相關的生理疾病的治療，做自己一直想做而未能做的事情，重新構建自己的人際關係。

不論哪種方式都可能讓你的生活不再受限於身體不適感，也許有一天你會驀然發現，原來驚恐症已經很久沒有造訪你了。

4.7

請你幫助我

大部分人都無法理解驚恐症，所以當你一次次驚恐症急性發作卻被醫生判定並無嚴重生理疾病，甚至根本沒有生理疾病時，你的父母、伴侶、子女或許不知道如何幫助你；或許認為你只是想不開，甚至認為你無病呻吟，讓你感到無助和恐懼而更加焦慮；或許你的家人一如既往地關心你，但他們不知道驚恐症是甚麼，仍然認為你患了一種疑難雜症而過度關心你，保護你，讓你感覺自己真的生病了，讓驚恐症更加頻繁地造訪你；或許你因不想給家人添麻煩，或害怕不被理解，或害怕被用異樣的眼光看待而不願意告訴家人、朋友自己患上了驚恐症。於是，在驚恐症的深淵中，你隻身孤影，苦苦掙扎。

因此，在驚恐症的自助過程中，你需要從自己的人際關係中尋找對你有所幫助的人，構建自己的社會支持系統。這一系統或多或少都能讓你感受到支持與信任，擺脫孤獨，收穫愛、歸屬感和安全感，幫助你緩解不良情緒，讓你的自助之旅事半功倍。所以，當驚恐症影響了你的正常生活時，你一定不要獨自舔舐傷口，而是要積極地向你的家人、朋友等求助。

重新構建自己的家庭和社會關係模式

在家庭關係中，你需要逐漸明確自我的邊界：讓你的家人（尤其是父母）意識到你已經是一個獨立於他人的個體了，你不再做父母的乖寶寶，也不刻意拒絕他們的要求，當你們意見不一致時，你願意和他們討論更有建設性的方案；誠實地看待自己與父母、伴侶及子女的關係，你願意和他們討論你的不滿，願意和他們聊起共度的快樂時光，也願意傾聽他們的心聲、接納他們的情緒，同時更願意和他們一起解決在關係中存在的問題。在工作等其他社會關係中出現問題時，你願意和當事人一起討論問題的解決辦法，而不是讓情緒淹沒你。重新構建的良性人際關係將成為你從痛苦中走出來的力量源泉，讓你找回本就屬你的美好人生。

和可以幫助你的家人、朋友探討他們能如何幫助你

要想獲得有效的幫助，你需要勇敢、真誠地和家人溝通，和他們好好談一談你所遭受的痛苦，必要時借助本書和專業的心理醫生使他們明白驚恐症是一種心理疾病。這種疾病也許不會直接破壞你的心臟等身體器官，但會導致你出現和生理疾病一樣的嚴重身體不適。你不是裝病，不是不想承擔家庭

責任，你的症狀也不是「想開了就會好的」，更不是「想出來的毛病」。

所以，你要告訴他們：請不要因為你沒有嚴重的生理疾病而忽視你，更不要對你出言不遜，說一些讓你傷心的話。你和你的家人還要明白驚恐症的自助或治療都需要有足夠的耐心，在未來幾個月，甚至幾年，你還要請求並感謝你的家人在你生病的時間裏，給予你包容。

你可以邀請他們和你討論如何陪伴你，如何幫助你儘快走出目前的困境。例如，你們可以討論如何在你狀態不錯的時候一起聊天、購物、外出吃飯、聽音樂會、旅行。

你還要讓家人、朋友知道，當你不舒服的時候，你需要他們只是像平時那樣陪在你身邊，不必過度關心你，也不必手忙腳亂地給你找醫生。除非他們正在做的事情會發出令人心煩的噪聲，不然他們大可繼續做自己手邊的事情。如果他們此時比你還要緊張，驚慌失措地撥打急救電話，或者總是詢問你的心率、血壓等，都會放大你的不適感，令你更加緊張不安，無意間強化了你的恐懼情緒和迴避行為，而恐懼情緒和迴避行為正是你驚恐症遷延難癒的主要原因。

和你的家人朋友分享你的快樂和煩惱

當你們已經商量好如何一起面對驚恐症時，你就可以邀請願意幫助你的家人或朋友和你一起閱讀本書，這有助於他們更多地了解你和你的疾病，有效地和你一起應對驚恐症。

在生活中，你第一時間與家人、朋友分享自己的喜悅、煩惱，討論生活中的點點滴滴。在你失落、有壓力、遇到挫折、遭遇應激事件時，他們可以充當傾聽者，或者你可以從他們那裏獲得包括情感、訊息、物質等的幫助，讓你感到被愛、被支持，你就能更快地從痛苦的深淵中走出來。

讓你身邊的人成為你訓練的助手和伙伴

在你從家人、朋友那裏獲得了心理支持後，如果他們還有時間或精力陪伴你，你可以請求他們和你一起做行為訓練。他們的參與可能給你一些有益的提醒，例如，他們可以協助你評估自己現在的狀況。

有時家人可以成為你的助理教練，在自助過程中可以為你提供一些有益的建議和幫助。當你訓練沒有進展，感到沮喪的時候，他們能為你提供心理支持。

讓你的社會支持系統幫你直面身體的症狀

你的社會支持系統還可以幫你做一件非常重要的事：直面你的身體症狀。

在患上驚恐症後，你一直迴避任何讓自己可能出現心慌、氣急、胸悶等身體不適的情境和狀況。迴避行為在潛意識上強化了你對自己身體不健康的暗示。所以，你需要直面自己的身體症狀。然而，驚恐症患者獨自面對驚恐的症狀確實有不小的困難，幾乎所有的患者都害怕獨自面對症狀時出現的各種意外甚至是死亡。因此，在他人的陪伴下，採取行為訓練以誘發驚恐反應成為一種便捷的解決驚恐症的方法。

直面身體症狀可以在最短的時間內讓你擺脫對驚恐症的恐懼。不過需要注意的是，不是所有人都能適應這種方法，高血壓、癲癇、冠心病、腦中風後遺症、哮喘患者都不能使用這種方法。即使你身體健康，首次使用最好在心理醫生陪伴下，以便確認你的身體確實可以承受訓練後的胸悶、氣急、心慌、眩暈等症狀帶來的不適感。

制訂屬於你的心理自助計劃

閱讀此書，獲得心理自助的技能

你已經花了數天到數週的時間閱讀本書，了解了驚恐症的定義和產生原因，以及解決驚恐症的一些技巧方法。你需要認識到你所擔心的並不是事實，你身體上的不適也並不意味着你一定有生理疾病，是你的憂慮誇大了這些不適。你可以坦然接受，而非拒絕你的症狀。

你相信自助會對你的健康和生活大有神益，讓你從驚恐的泥沼中脫身，你會內心寧靜，更加輕鬆地生活。請相信自己已經做好準備，迎接挑戰。接下來，你就可以開始制訂自己的心理自助計劃了。驚恐症心理自助的全過程包括三個階段：

1 開始階段，根據自己的實際情況用 1~4 週適應心理自助的內容和節奏。

2 中間階段，10~36 週用以緩解症狀。

3 末尾階段，用於鞏固效果和預防復發，用時 2~8 週。全過程需要 3 個月至 1 年。

如果自助持續了 3 個月，症狀仍無明顯緩解，你就需要及時修訂自助計劃。如果自助持續了半年，症狀仍未得到基本控制，你就需要及時去看心理醫生。

開始階段

在此階段中，你要先花 1~4 週的時間了解驚恐症的發病原因和自助方法，接納自己有驚恐症的事實，並對患病原因做出評估，嘗試告訴自己：這些症狀沒有甚麼大不了的，它們只是現在在這裏，提醒我需要改變那些讓我對自己太過苛刻的想法和行為模式。

接下來，你要創造屬自己的訓練體系，這個體系要包括想法、行為、運動、飲食等的改變。你要給自己每天留出問題解決時間，不要説「我沒有時間」，你只需要每週 5 天，每天兩組 10~25 分鐘的訓練時間就足夠了。之所以你不必每週做 7 天訓練，是因為每個人都會遇到一些意想不到的事情，如果你要求自己每天都訓練，會因為偶爾做不到而備感沮喪並徹底放棄訓練。

你要根據自己的需要或性格特點選擇對自己最有效的方法。例如，如果你比較理智，可以選擇認知行為記錄表作為改變自己想法的主要工具，發現與驚恐症有關的情緒、自我對

話，有針對性地重新構建自我對話，並選擇漸進式肌肉放鬆作為主要緩解焦慮的方法。如果你相對感性，可以選擇以正念練習感知自己，重建自我對話，緩解沮喪、煩惱等與抑鬱相關的情緒。如果你的驚恐症與高血脂有關，那麼你需要在計劃中加入營養改善計劃。

你可以在下面的自助方法中選擇兩、三項自助方法，作為自己驚恐症心理自助的開端。

① 集中呼吸練習，嘗試在呼吸過程中辨認與驚恐症相關的想法、情緒和身體感受，不做評判地記錄下來。

② 嘗試用認知行為表記錄作為自助日記，改善自我對話。

③ 開始一項中等強度的運動（即使本週只運動了一次，時間也很短），在一張 A4 紙上用足夠大的字寫「第 1 週我運動了幾分鐘」，貼在你每天都可以看到的地方，作為對自己開始運動的鼓勵。

④ 嘗試改善睡眠習慣，至少學會只在床上睡眠，不在床上做任何與睡眠無關的事情，尤其是不看電話、電腦、電視等。

⑤ 嘗試改善飲食習慣，如果條件允許，請營養醫師為自己做膳食顧問。

⑥ 安排一項自己感興趣的活動。例如，繪畫、旅行、彈琴。

⑦ 閱讀，你可以閱讀包括本書在內的一些有助於改善自己心理狀態的心理、哲學和文學讀物。

中間階段

你可以邀請家人或朋友參與到你的自助中，給你支持、鼓勵，也在適當的時候督促你堅持自我訓練。

如果在開始階段中你選擇了聚焦呼吸練習，這一階段，你可以繼續做呼吸訓練，用正念、冥想、體掃描等方法探索那些被你壓抑的需求、欲望、想法和早期創傷感受。嘗試正念飲食、正念行走，盡可能將正念融入你的生活。

如果在開始階段中你選擇了認知行為記錄以改善自我對話，本階段可以繼續使用認知行為記錄表有意識地用新想法替代舊有想法，例如用「我選擇做」代替「我必須做」。練習自我催眠，漸進式肌肉放鬆，製作 1~3 張提醒卡片，提示自己對情緒負責，不再將事情歸咎於他人，也不責備自己。嘗試察覺並表達自己的情緒，識別自己未被滿足的需求，嘗試表達需求。同時繼續其他項目，並適當提升對自己的要求。例如每天的運動時間延長 5 分鐘，安排一次家庭旅行。

末尾階段

持續練習，解決既往練習中存在的問題。如果有時間，即使

你已經痊癒，也可以將冥想練習、運動等訓練堅持下去。這些訓練不僅可以讓你遠離驚恐症，也可以持續促進你的身心健康。

不斷地適應新的思維、行為、人際關係、生活模式，並讓這些新的模式徹底變成自己的習慣。

驚恐症心理自助的注意事項

不要分析你的憂慮，例如「我有多大可能有心臟病」，只需記錄或感受真實的事件、想法、行為、情緒。不要指望自己的想法一下子發生天翻地覆的變化，要從一點一滴開始，以免給自己太大負擔。例如你每天只需要記錄一、兩條日記；有意識地早睡 10 分鐘，早起 10 分鐘，逐漸調整睡眠時間。

你一定要相信，大部分驚恐症患者可以通過自助康復，徹底遠離那些困擾自己的恐懼、憂慮情緒，以及心慌氣急等身體症狀，甚至生活質量還比患病前有明顯改善。自助效果不理想，甚至沒有效果並不意味着你已經病入膏肓，只是說明你還需要專業的心理治療師或心理醫生的幫助。

PART 3

和醫生合作
應對治療中的問題

第五章 選擇適合你的醫生

你要根據自己的身體狀況、

發病原因、發病階段、

驚恐症的嚴重程度選擇合適的專業心理醫生，

並且與他建立牢固的關係，

才能在治療中取得良好效果。

5.1

如何獲得有效的專業治療

精神科醫生和心理輔導，誰能幫助你

如果驚恐症嚴重影響了你的生活，並且心理自助效果不佳，那麼你就需要一名專業人士來幫助你了。誰能幫助你呢？在各種各樣的媒體上，你會發現有的人說你需要精神科醫生，而有的人說你需要心理輔導。要弄清楚誰能有效幫助你，你就要從了解精神科醫生和心理輔導的不同開始。

精神科醫生是指畢業於醫學院的醫生，畢業後在醫院的精神科工作的精神科醫生，負責精神分裂症等重度精神病及抑鬱症等心理疾病的診斷和治療工作。理論上，精神科醫生接受的醫學教育以精神病學為主，心理治療為輔。雖然精神科醫生對心理疾病有一定程度的了解並會提供輔導服務，但並非所有醫生會提供提供心理治療。接受過專業的心理治療訓練的精神科醫生可以為驚恐症患者提供專業的精神心理評估、藥物治療和系統心理治療。未接受過專業的心理治療訓練的精神科醫生可以為驚恐症患者提供專業的精神心理評估和藥物治療。

媒體上經常出現的心理輔導廣義上包括取得臨床心理碩士或博士學位的臨床心理學家和一部分具有心理輔導能力的社工。其教育背景非常複雜，他們可能畢業於應用心理學、社會學、音樂，甚至不相及的機械工程等各種專業……水平參差不齊。他們和精神科醫生的區別主要有三點：①不能處方藥物；②所學的醫學課程學時少於醫生，在實習期間主要接受的是臨床心理學訓練而非臨床醫學訓練；③畢業後的學習繼續以心理治療為主，很少有機會接受醫學訓練。

了解了精神科醫生和心理輔導的不同，你應該已經清楚，在多數情況下，這些專業人士只要接受過心理治療訓練，便都能為你提供專業的幫助。

哪種方法適合我

驚恐症的治療方法包括藥物治療、心理治療和物理治療三大類。

常用的藥物包括抗抑鬱藥、抗焦慮藥、抗精神病藥和對症治療的中成藥。與心理治療相比，藥物可以更快地緩解症狀，但藥物也會帶來一定的副作用。是否使用藥物、使用多少藥物取決於你患病的情況，請一定謹遵醫囑。

常見的心理治療方法包括認知行為治療、精神分析治療等多種心理治療方法。其中最為常見的是以行為訓練為主的認知行為治療。其中一部分治療方法和你自助訓練中的很類似，包括放鬆訓練、正念訓練、心理日記等。只是心理治療中的方法會更加靈活，醫生或輔導員會根據你的症狀選擇適合你的訓練方法。比如，在正念訓練中，心理輔導除了教你進行呼吸正念、行走正念等基礎正念方法之外，還會根據你的情況選擇更專業的正念方法幫你更好地接納自己。另外，一部分治療方法很難應用在自助中，譬如 Socratic dialogue、時間線、「空椅子」技術等。這些治療方法有助於你更深刻地了解自己的問題的來源，更好地重構自我對話、發現自我成長的力量。認知行為治療適合大部分患者。

也有許多醫生或輔導員會採用精神分析治療。通常使用的技術包括自由聯想、移情、反移情、釋夢等。治療的主要目的是幫你發現這些症狀背後的願望、恐懼等問題之間的衝突，使你更好地理解和接受自己，面對現實，認識自己的情緒衝突，併發展出更具適應性的問題解決路徑和更為成熟的人格。精神分析治療最大的優勢是治療比較徹底，復發率低；最大的劣勢是需要患者花費大量時間、精力。精神分析治療只適合那些對自己的心理成長有較高要求，而不是僅僅為了解決症狀的患者。

有些心理輔導還會採用尋解導向治療、催眠治療、人本治療、舞動治療、繪畫治療、家庭治療等不同的心理治療方法。當然，如今越來越多的輔導員或醫生採用更加豐富、靈活和有彈性的治療方法，我們稱之為整合心理治療。常見步驟是：首先，用共情、傾聽、無條件的積極關注等人本主義治療和你建立關係，以便更準確地了解的情況；其次，使用認知行為治療幫你處理症狀；最後，使用精神分析的方法幫你發展出更為成熟的人格。也有輔導員或醫生會以認知行為治療或精神分析治療作為治療的基礎和框架，靈活地融入多種心理治療方法。

物理治療包括生物反饋、TMS 等，廣義上也包括針灸、推拿等中醫治療。

最好的和最合適的

不同的醫生和輔導員因為自己所受醫學和心理治療訓練不同，在治療方法上各有偏好，有的喜歡藥物治療，有的喜歡認知行為治療，有的喜歡以精神分析治療為框架的整合治療……對你而言，並不存在最好的醫生或輔導員，只有最合適的醫生或輔導員。

一般來說，在尋求專業幫助之前，你首先要確定自己更需要心理治療還是藥物治療。如果偏向心理治療，你需要考慮你面對的醫生或輔導員是否接受過心理治療訓練。

如果同時需要接受藥物治療和心理治療，你就需要一名能處方的醫生和一名臨床心理學家為你做心理治療。因為按照嚴格的心理治療的倫理要求，處方者不做心理治療，心理治療者不處方。

除了要考慮臨床心理學家的專業背景之外，適合你的臨床心理學家還需要具備以下兩個條件：一是臨床心理學家與你的人格相匹配，二是你可以接受臨床心理學家的專業設置。其實這兩個條件可以視為一體。也就是說，臨床心理學家的心理治療設置多數是基於他的人格特質的。如果你能接受他的設置，那麼你很可能也會接受他的人格特質；如果他的設置令你不滿，你最好選擇其他的臨床心理學家，因為你很可能無法接受這個臨床心理學家的個性特點。在這種情況下，不論這個臨床心理學家多出名，你最好都放棄他。

另外，你還可以從這名臨床心理學家的文章、作品了解其人。如果他的文章對你而言很有用，讓你感到有力量、有希望，能產生共鳴，那麼你們很可能比較合適；如果他的文章

讓你感到不舒服、不安、有疑慮，那麼你就先不要考慮這名臨床心理學家了。此外，我們強烈建議排除受訓背景中有靈修、星座、塔羅之類的心理輔導，即使他們的觀點讓你深信不疑。

價格也是治療有效與否的一個關鍵因素：太高則讓你無法承擔全療程的費用，而且你也會對臨床心理學家心存疑慮；太低則意味着你面對的很可能是新手或對自己的水平沒有信心的輔導，一般很難為你提供專業幫助。

5.2

和你的心理專家合作

為診療提供足夠的身心健康訊息

在選擇了適合你的心理專家後，你就要學會和他合作。心理治療不是心理專家一個人就能完成的工作。

在治療前，你需要盡可能多地收集自己首次驚恐症急性發作之後的全部病歷，以及生理、心理檢查報告。如果你對心理治療已經有了一些了解，還可以參考自我評估中的問題寫下「我的心路歷程」，便於心理專家全面了解你的問題。之所以強調這一點，是因為大部分患者誤以為心理專家只用嘴、耳朵就能解決所有的問題，而忽略了驚恐症有可能與健康狀況有關，而且有些生理疾病的症狀很像心理問題，有些心理症狀很像生理疾病，在過去求醫過程中使用的藥物也會影響醫生的診斷。要做出準確的判斷，心理專家就必須全面了解你的既往治療訊息。

在治療過程中與心理專家合作

當你和心理專家充分溝通，並決定開始心理治療時，你還要繼續和專家合作。

一般來説，驚恐症心理治療首選以認知治療為基本框架的整合式心理治療。一部分心理專家也喜歡使用精神分析治療、存在－人本治療和表達心理治療、尋解導向治療、家庭治療等。你不要盲目地接受或者反對，而是要和心理專家充分溝通，以了解他選擇某一治療的原因、大概的治療過程、可能達到的治療目標。

一般來説，如果你只想緩解症狀，以認知行為治療為框架的心理治療會比較適合你；如果你不僅期望緩解症狀，也希望能夠解決自己性格中存在的問題，中長程精神分析、表達心理治療等深入潛意識的治療會對你更有幫助；如果你在生活中缺乏支持，總感覺無法被理解，也許可以選擇以人本治療為主的心理治療方法；如果你生活在一個大家庭中，家庭成員之間的關係對你的心理影響巨大，家庭治療對你的作用可能會更大。總之，選擇何種心理治療不僅是心理專家的選擇，也不僅是你的選擇，更多的是基於你和心理專家充分討論的結果所做的選擇。

如果治療方案偏向於認知行為治療，在 2 次治療之間，心理專家通常會讓你寫治療日記、做放鬆訓練、正念練習，伴有場所恐懼的驚恐症患者還要按照心理專家的指導做循序減敏療法。如果你能配合治療、積極進行自我訓練，你的治療很快就能取得效果。如果無法順利進行這些訓練，你要及時和心理專家就其中原因進行溝通。如果你找不到原因，也不要着急，醫生能夠觀察你的語言和行為並抽絲剝繭，幫你找到更適合你的訓練方法。

張先生在心理治療之初一直無法在兩次治療的間隙進行自我訓練，但他一直小心翼翼地隱藏自己根本沒有訓練的事實。直到第 4 次心理治療前，他再次驚恐症急性發作才不得不向我承認自己一直沒有訓練的實情。我們花了整整一次治療的時間討論他在填寫認知行為記錄表時的想法和情緒感受，以及做放鬆訓練時身體的感受。我才意識到原來張先生在第 1 次諮詢的過程中並沒有弄清楚認知行為記錄表和他症狀的關係，而他也不知道如何告訴我他的想法和問題，就像他一直以來無法和父親溝通那些他不明白為甚麼要做的事情一樣。

在這次諮詢中，我幫助張先生明白心理專家和他父親不一樣，成年的他和年幼的他也不一樣，我們是可以溝通和討論的。所有的治療方案和自我訓練計劃都是基於雙方的協商、

共同確定下來的。每個人的治療方案和自我訓練計劃都會因為個體差異而有所不同。有的人善於思考，可側重於重構自我對話和認知模式；有的人善於感覺，可側重於放鬆訓練、正念練習或自我催眠；有的人則需要從心靈深處挖掘那些讓他恐懼的東西。只有醫患雙方不斷溝通、碰撞，才能一起發展出最適合的心理治療和訓練方法。

對治療效果影響最大的是你和心理專家的關係。只有穩固、深入的關係建立起來，心理專家才有機會和你就驚恐症進行解釋、澄清、對質、分析等一些更深入的探索。其中最重要的是兩點：一是你對心理專家的信任；二是醫患雙方對治療設置的堅守。如果你無法信任目前的心理專家，你就要直接和心理專家說，心理專家並不會因此感到不快，更不會不給你治療，相反心理專家會很樂意和你一起探索是甚麼阻礙關係的形成，並和你一起嘗試解決這些破壞你們關係的問題。如果在你們共同努力下最終還是無法建立牢固的關係，那麼你換一個心理專家也不失為一種問題解決方法。

心理治療的設置通常包括以下幾個方面：

① 時間設置，驚恐症的心理治療時間一般設置為每週 1~2次，每次 50 分鐘（也有心理專家為了在治療最初階段快速取得療效而為患者提供 5~15 天，每天 6~8 個小時的

連續治療，之後再轉為每週 1 次的心理治療；隨意更改時間、失約、每次來得太早或遲到都會破壞關係）；

② 地點設置，心理治療通常在固定室內進行，有利於你獲得內在安全感和穩定性，提升治療的效果；

③ 方法設置，心理專家會在治療開始和你協商治療的方法，雙方達成一致，不會隨意更改，除非在治療中發現該方法不太適合你，心理專家會再次與你協商。

④ 心理治療的費用及付費方式、雙方預約諮詢的方式、在非諮詢時間內緊急情況的處理方式等也是心理治療設置的重要組成部分。

在一般情況下，心理專家都會在首次會談後將你們協商一致的設置以書面形式固定下來。如果在之後的治療中，需要更改設置，心理專家會再次與你就設置問題進行討論，重新簽署這份心理治療協議。

如果你和心理專家選擇了以藥物為主的治療方式，也並不意味着拿了藥並按照說明書或者心理專家首診時的醫囑用藥就可以一勞永逸。你還需要在兩周後覆診，之後你需要每月覆診一次。

這是因為心理專家需要了解你用藥後身體和心理的變化，幫助你及時調整用藥劑量，減藥、加藥或者換藥。有些患者在用藥後出現不適感，切記不要隨便停藥或者減藥，你需要到醫院覆診並告知專家你的身體情況。

當然，對大多數驚恐症患者來説，即使藥物已經控制了症狀，因為症狀的反覆，你仍然需要心理治療幫助。而邊緣型人格、自戀型人格、癔症型人格障礙患者則需要長期精神分析等深層心理治療才能康復。

不論接受何種方法治療，你都不要輕易地改變目前的治療方法和更換心理專家，盡可能全面地和你的心理專家討論你的身體不適、疑惑、負面情緒、不安等問題，共同尋找問題解決方法。如果出於種種原因，你實在無法適應現有心理專家，或者出於經濟原因而無法繼續接受心理治療，或者你出於某些原因而真的無法信任目前的心理專家，令你一定要更換心理專家，請你務必和當前專家做一個結束對話，對過去一段時間的心理治療做一個總結，讓你在沒有心理專家幫助的階段，堅持自我訓練，防止症狀反覆、前功盡棄。

第六章　驚恐症的治療

多種實用的心理治療，

　幫助每一名讀者從消極中尋找積極，

　　從黑暗中尋找光明。

驚恐症的心理治療

驚恐症的整合認知行為治療

這裏我將以驚恐症的主要治療方法：整合認知行為治療為例來說明驚恐症的心理治療。所謂認知行為治療是一種短期、結構式、現在取向的心理治療方法。這種治療認為「認知、行為、情緒」三者之間的不良關係導致了焦慮及相關心理和生理反應。因此在了解患者的現實問題、生活體驗、人生經歷的基礎上，心理專家會從一件件具體事件和行為中矯正患者的錯誤思維及行為，幫助患者解決生活中的問題，緩解心理症狀。

認知行為治療的主要方法大致上可分為評估和挑戰想法、重新構建認知方法、行為激活和改變行為等。對於驚恐症這種疾病的治療通常會以行為治療為主，認知改變及其他方法為輔。

驚恐症整合式認知行為治療的階段

驚恐症整合認知行為治療一般分為三個階段：初始對話、中間治療和結束治療。最常使用的方法包括行為功能分析、空椅子技術、Socratic dialogue、真實檢驗、去注意、角色扮演、放鬆訓練等。

初始對話

心理專家在初始對話中會關注：你目前的症狀和最讓你感到痛苦的問題，你首次發作的時間、症狀，可能與首次發作有關的重要人生經歷，你過去的診斷和治療過程，過去的診療是否有效（如果有效，你為何中斷過去的治療；如果無效，原因是甚麼）。心理專家還會通過對話嘗試和你產生情感上的共鳴以建立治療聯盟。如果你曾接受過心理諮詢和治療，你還可以描述對上一個心理專家的看法和感受。如果你能夠完整提供這些訊息，接下來的治療會變得更加順利；如果你實在無法提供準確的訊息，心理專家將會在之後的數次診療中幫你重新整理相關訊息。

初始對話的最後，心理專家會根據你的年齡、治療史、治療意願、自傷及自殺風險、依從性、共病等和你一起確定個體化治療方案。方案一般包括時間、場所、方法等方面的安排

等。多數心理專家會首選認知行為治療加藥物治療，如果使用藥物治療，治療前心理專家會告知你可能的不良反應、起效時間、療程等。如果你還有其他疾病，心理專家還會和你討論如何協調其他臨床各科醫生的治療。

初始對話階段最重要的任務是醫患雙方建立緊密的關係。關係不好的話，接下來的心理治療就難以見效。所以，在這一階段中，你有任何的不滿、不安和其他不適都要及時與心理專家溝通。

中間治療

在這一階段，心理專家會使用多種心理治療方法幫助你解決生活中的一個個問題。急性發作期治療不少於 10 週，慢性發作期治療不少於 10 個月。在治療過程中，心理專家會反覆評估療效，判斷是否調整治療方案。

在中間治療階段，心理專家會在和你協商的基礎上促使你在 2 次治療之間每天安排至少 30 分鐘做一些適合你的行為訓練。這些訓練有助於治療儘早見效。

在這個階段中，你需要注意的是，不要對治療產生不切實際的想法，多數情況下心理治療不會像做手術一樣立刻產生效

果。除非你是在首次驚恐症急性發作時就找心理專家治療，不然一般在你配合的情況下治療見效也需要 3 個月以上的時間。徹底擺脫驚恐症的侵擾一般需要 1 年以上的心理治療。少部分人（主要是伴有其他心理疾病和人格障礙的患者）的心理治療時間甚至會長達數年。同時，你也要對治療抱有信心，即使症狀出現反覆也並不意味着你無法擺脫驚恐症。症狀的再次出現只是在提醒你，你還有一些未被解決的內心傷痛。

結束治療

在這一階段中，通常急性發作期耗時 1~2 週，慢性發作期耗時 4~8 週。當你的臨床症狀完全消失、社會功能恢復時，你和你的心理專家就可以逐漸將治療重點轉為預防復發，並進入結束治療階段。為了減少復發的可能性，即使症狀完全消失，你也不能減少治療期間的行為和認知訓練。

對於情況比較簡單的驚恐症患者來說，這個療程就足夠了。但是伴有其他心理疾病尤其是場所恐懼的患者通常需要一兩年的治療，伴有人格障礙的患者可能需要更久的治療，嚴重生理疾病伴發驚恐症的患者，其治療時間主要取決於生理疾病的治療情況。

對於存在夫妻衝突、原生家庭問題、家庭界限不清等家庭動力問題的患者，心理專家也會使用家庭治療。通過使用循環提問、家譜圖、角色扮演等方式協調家庭成員關係，心理專家會發現並利用家庭中的治癒力解決患者的問題。

近年來，文化在心理治療中所占的地位日漸突出，越來越多的心理專家嘗試從患者所處的文化、環境中尋找具有治癒力的部分。音樂、繪畫、舞蹈、遊戲、催眠、心理戲劇、等諸多治療也在驚恐症的治療中得到了廣泛應用。

注意！！

結束心理治療後，你最好和心理專家達成一個關於隨時再對話的時間和方式的共識，以防止復發。

6.2
驚恐症的其他治療方式

藥物治療

如果你每天都會驚恐症急性發作，或者症狀使你無法正常生活和工作，那麼心理專家可能使用藥物幫助你改善身心症狀。藥物可以減少驚恐症的焦慮，以及隨着恐懼而來的抑鬱及身體症狀，使你能夠更積極地面對日常生活、工作和學習。

抗抑鬱藥、抗焦慮藥對驚恐症有效。目前最常使用的新型抗抑鬱藥物無依賴性，也比較安全，多數情況下不會造成嚴重不良反應，也很少與其他藥物產生不良的相互作用。在驚恐症的治療中常使用的抗焦慮藥主要是安定類和新型抗焦慮藥物等。

藥物治療一般從單一用藥、少劑量開始，逐漸增加藥量至有效劑量，必要時混合用藥。混合用藥可以是抗抑鬱藥和抗焦慮藥混合，可以是不同類型的抗抑鬱藥混合，也可以是西藥和中藥混合，治療少部分症狀嚴重的驚恐症患者可能還需要增加抗精神病藥物加強藥效。

和心理治療相比，藥物治療起效較快，不過多數情況下仍然需要 2~4 週才能起效，所以你要有足夠的耐心等待。大部分患者需要長期治療，通常連續用藥 6 個月以上再酌情減量。治療 3 個月無效，醫生一般會選擇混合用藥或換藥。

接受藥物治療的患者一定要在醫生指導下用藥。醫生會根據你的身體狀況幫你選擇最適合你的藥物。不要聽說別人吃甚麼藥，就自己買藥來吃，或者把不同醫生開的藥放在一起吃。也不能隨意加量或者減量，對驚恐症來說，不是用藥量愈大治療效果愈好。突然停藥或者減藥太快也會讓你的症狀加重或者使消失的症狀重新出現。

有慢性疾病的患者還需要注意目前所服的某些藥物和治療驚恐症藥物之間的相互作用，這些都需要醫生的專業指導。所以，一定要根據醫囑用藥，不可自行加量、減量和自行使用其他藥物。

也有些患者排斥藥物治療，或者認為驚恐症只是心理問題，心病只需心藥醫；或者無法忍受藥物的不良副作用，尤其是與場所恐懼及嚴重抑鬱共病的患者更容易對藥物不耐受。因此你需要知道兩點：

1 一些驚恐症的發病並非完全來自你的心靈,也與你的神經系統、內分泌系統等有着密切關係;

2 絕大部分驚恐症患者服藥後的不適感會在服藥後 2~4 週消失。你是否需要藥物主要取決於醫生的專業評估而不僅僅是你對藥物的喜好或厭惡;

當心理治療逐漸起到很好的作用時,你就可以在醫師的指導下逐漸減藥,直至完全停藥。

物理治療

除了心理治療和藥物治療之外,心理專家還經常採用生物反饋治療、重複刺激的 TMS、漂浮治療等物理治療治療驚恐症。

生物反饋治療

藉助生物反饋儀這一電子儀器的訓練,讓人們能夠知道自己身體內部正在發生變化,自行控制身體反應(如血壓、心律、胃腸蠕動、肌張力、汗腺分泌情況、體溫和腦電波等),生物反饋治療是一種行為矯治技術。每次治療 20 分鐘左右,每週 3~5 次,以減輕肌肉緊張度和血管緊張度,從而減輕症狀。

重複刺激的 TMS

利用磁訊號可以無衰減地透過顱骨而刺激到大腦神經的原理，使用低頻刺激，這種技術通過雙向調節大腦興奮與抑制功能之間的平衡來治療驚恐症。

漂浮治療

在一個類似浴缸的漂浮器中注入水，將與治療有關的藥物充分溶解其中。患者進入漂浮器後，將治療室的燈光熄滅，用塞子塞住耳朵。這種暫時失去視覺的情況，可以使人產生「虛無」或「空白」感，達到充分放鬆，消除緊張、焦慮的目的。

☆ ☆ ☆ ☆ ☆

除此之外，中醫背景的心理專家也經常會根據情況採用針刺、按摩、艾灸相應的穴位治療驚恐症。

對於伴發身體問題和疾病的患者，心理專家會建議患者及時就醫，改善與驚恐症相關的心臟、內分泌、神經、消化系統的問題。有些有內科執業資格的心理專家也會幫助患者處理一些簡單的身體問題；例如，通過相關藥物幫助患者改善貧血、維生素攝入不足造成的健康問題。

近年來也有一些心理專家會嘗試使用營養治療幫助患者儘快擺脫驚恐症的困擾。一般情況下，心理專家會和營養師合作，通過調整日常膳食以及合理使用營養補充劑，幫助患者改善身體狀態。心理專家還會和物理治療師合作，為患者制訂運動方案，調整患者的身體機能。

驚恐症的整合治療

多數情況下，任何單一治療都無法完全解決驚恐症，心理專家會根據患者的身心健康狀況、發病原因、社群、文化以及環境因素等選擇一組治療方法。「藥物治療＋認知行為治療＋運動治療」是最為常見的組合，「認知行為治療＋運動治療＋營養治療」、「正念治療＋運動治療＋音樂治療」等組合也並不罕見。心理專家會選擇對患者最有益的方法，充分與臨床各科以及營養師、物理治療師等各科醫生充分合作，幫助患者儘快擺脫痛苦。

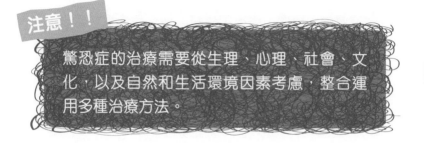

注意！！

驚恐症的治療需要從生理、心理、社會、文化，以及自然和生活環境因素考慮，整合運用多種治療方法。

結束語

親愛的讀者，我想在本書的結尾再強調一下，使用本書請注意以下幾點：

① 如果你是一名驚恐症患者，那麼驚恐症對你而言是一種身體善意的提醒。它提醒此時的你正被自己的思維模式、生活習慣、情緒管理等問題所困擾。

② 每位驚恐症患者內心都充滿了深深的焦慮，其中蘊含着巨大的能量。因為焦慮是人類的進化優勢和生存的必備條件，它的存在能在你生命歷程中的每一個重要時刻為你護航。所以從現在開始，你要試着不再拒絕焦慮，學會將其轉化為動力。

③ 過度「完美主義」才是驚恐症急性發作的核心原因。接納自己患病的事實，也接納自己的不完美，從自己的脆弱、敏感、內向、強迫、依賴，他人的忽視、寵溺，以及環境的不完美中發現美好，從被自己迴避、隱藏和遺忘的陰影及焦慮和壓力中汲取創造力和生命力。

④ 遠離驚恐症需要的是行動而不僅僅是思考，你要為自己制訂一個系統的自助計劃或者和心理專家合作制訂一個有效的治療計劃，並且根據自己的特質靈活地使用認知、行為、釋夢、冥想、放鬆、正念等技術讓自己遠離驚恐症。

⑤ 他人的幫助、支持和鼓勵可以使你更快遠離驚恐症。在成長的路上，你可以請求你的家人、朋友，以及心理諮詢師、醫生等專業人士為你提供力所能及的幫助。

⑥ 如果自助不足以讓你擺脫驚恐症，那麼和心理專家合作是最好的選擇。多數心理專家會選擇以認知行為療法為框架的整合式心理療法。

⑦ 本書擯棄了很多自助書一味積極、輕鬆的風格，以認知行為療法的理論和方法為基礎，整合多種實用的心理治療技術，幫助每一名讀者從消極中尋找積極，從黑暗中尋找光明。希望本書能幫助你學會溫柔地對待自己，讓自己內心獲得安寧，成為比患病之前更完整的「我」，徹底遠離驚恐症。

戰勝恐慌

驚恐症的自救指南

著者
顧亞亮、史欣鵑

責任編輯
吳煥燊

裝幀設計
羅美齡

排版
楊詠雯

出版者
萬里機構出版有限公司
香港北角英皇道 499 號北角工業大廈 20 樓
電話：2564 7511　　傳真：2565 5539
電郵：info@wanlibk.com
網址：http://www.wanlibk.com
　　　http://www.facebook.com/wanlibk

發行者
香港聯合書刊物流有限公司
香港荃灣德士古道 220-248 號荃灣工業中心 16 樓
電話：2150 2100　　傳真：2407 3062
電郵：info@suplogistics.com.hk
網址：http://www.suplogistics.com.hk

承印者
中華商務彩色印刷有限公司
香港新界大埔汀麗路 36 號

出版日期
二〇二二年二月第一次印刷

規格
大 32 開（210 mm × 142 mm）